いつまでも美しい
染色ドライフラワー図鑑

Book of Dyed Dried Flowers

河島春佳

of the king; the latter were brought to trial in the
ordinary courts or before special tribunals, such as that of
the Arsenal,—though even in theircase the interval between
their arrest and their trial was determined solely by the royal
decree, and it was quite possible for a man to grow old in
the prison without having the opportunity of having his fate
decided. Until guilt was established, the prisoner was
registered in the king's name, and—except in the case of state
prisoners of importance, who were kept with greater strict-

Roman Catholic ceremonial,
with Flagellum Pontificis et
d as the English prelates
e was fined £1000 in the High
nicated, and prohibited from
oks were ordered to be burnt,
gned to prison. Instead of
among these are to be found the largest members of
the order, thus the Kalong of Java (Pteropus javanicus)
measures 5 feet between the tips of its wings. In countries
where the winter cold is sufficiently severe to cut off their
usual sources of food, bats hibernate. Collecting in

(Prologue)

ワイルドな形もお花の個性

―RINの花仕事―

日本の市場に流通するお花は、見た目が揃っていることが重視され、不揃いなお花は生産者から市場ルートに出荷できないという現状があります。また、仲卸や花屋の店頭で売れ残ってしまったり、装飾などに使用されたりする生花は廃棄されてしまうことがほとんどです。

私たちRINでは、このようなお花を「ロスフラワー®」と名付け、ロスフラワー®を積極的に活用するとともに、お花に規格外の烙印を押してしまう価値観自体を変えたいと日々活動しています。人間には身長や肌の色などさまざまな個性があり、その違う部分を多様性として認め合うのが当たり前になっているように、私はお花の不揃いな部分も個性と美しさを併せもった芸術だと考えています。ロスフラワー®とされるお花は、自然が生み出したエネルギーに溢れているのです。

本書で紹介する染色ドライフラワーという技術は、ロスフラワー®の個性を愉しむのにも最適です。生花をドライフラワーに加工することでより長い時間愉しむことができ、さらに染色することでドライフラワーの弱点でもある褪色（たいしょく）や色のバリエーションの少なさをカバーできます。生花には生花の美しさ、ドライにはドライの美しさがあるように、お花の美しさには寿命がありません。生花ならではの美しさを愉しんだ後は、染色ドライフラワーとして新たな命を吹き込むことができるのです。

残念なことに、日本は幸福度が低い国として取り上げられることがあります。一方、フランス・パリに留学した経験などから、日本より幸福度の高い国が多いヨーロッパの人々は、日常のなかで小さな幸せに気づくのが得意なことに気が付きました。日ごろから花々を愛で、身近に自然のエネルギーを感じられる環境は、そんな「小さな幸せ」につながると信じています。本書がその一歩につながれば、これほど嬉しいことはありません。

The unique Shapes of Flowers

上／徳島県那賀町のシャクヤク農家さんにうかがったときの様子。収穫から出荷までの流れを見学させてもらうことで、ロスフラワー®とされる花についての現状に向き合う。**下／**茎が不揃いなため、ロスフラワー®とされてしまったラナンキュラス。作為的ではないワイルドな生命力に溢れている。RIN ではこのようなロスフラワー®をアレンジメントに取り入れるよう試みている。

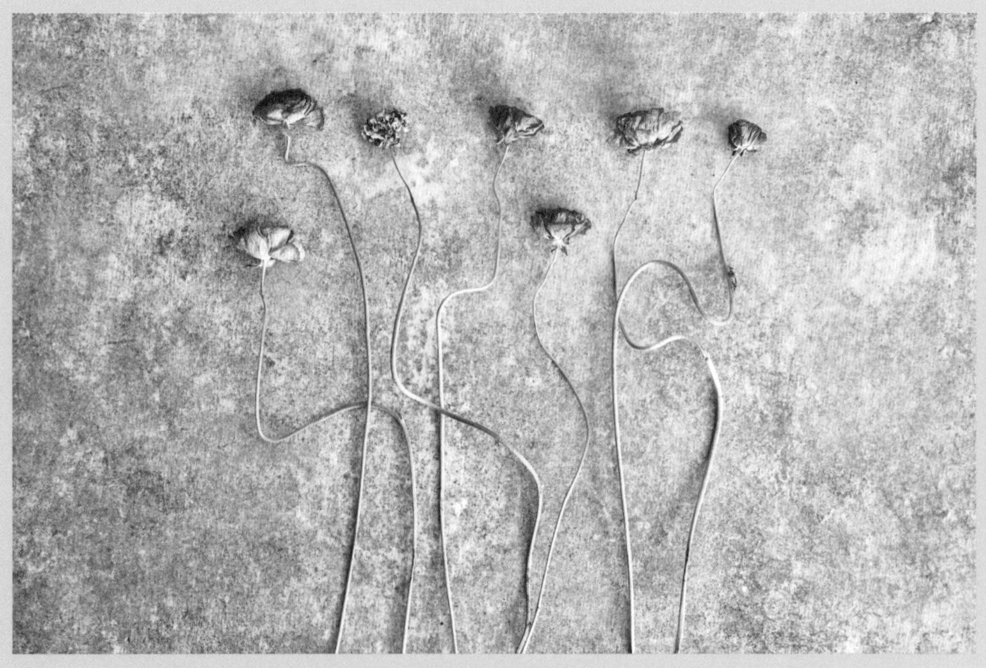

上／積極的にロスフラワー®を使用し、市場で仕入れた花と織り交ぜて、唯一無二の魅力的なディスプレイを作り上げていく。ディスプレイ撤去後も別のアレンジメントに再利用したり、お客さんにお土産として配ったりするなど、廃棄を最小限にする工夫もしている。**下／**東京都の某商業施設に施したフラワーウォール装飾。ドライフラワーを染色し、ドライながら色味を長く保つように工夫した。

Contents

Staff

写　真	加藤新作
デザイン	山本洋介（MOUNTAIN BOOK DESIGN）
	芦沢沙紀（MOUNTAIN BOOK DESIGN）
本文DTP	石井恵里菜
制作協力	中丸優、倉科杏奈、嶋田遥、清水楓菜、古川日菜、藤川佳代
撮影協力	パレス化学株式会社
印　刷	シナノ書籍印刷株式会社

Let's Make Dye

Book of Dyed Dried Flowers

—Haruka Kawashima

d Dried Flowers

花の新たな魅力を引き出す
染色ドライフラワーのススメ

時間とともに色味や質感が変化するドライフラワーには生花とはまた違った趣があり、生花より長い時間愉しめます。染色すれば、色鮮やかなドライを愉しむこともできます。初心者から上級者まで、染色ドライフラワーを愉しみ尽くすための方法をご紹介します。

1

Easy Dry Flowers /
Hanging Method / Silica gel Method /
Microwave Oven Method / Staining Solution /
Dyeing Color Sample / Let's Dye Flowers

ドライフラワーにしやすい花を見極める

Easy Dry Flowers

Level 1

- カスミソウ
- バラ
- プロテア　など

バラのように比較的花びらに水分が少ない花や、カスミソウのように生花のときから乾燥しているような質感の花、プロテアのように丈夫なネイティブフラワー（南半球が原産の植物）は、失敗が少なく初心者にもおすすめ。

Level 2

- アカシア（ミモザ）
- フランネルフラワー　など

Level 2に該当するのは、アカシアやフランネルフラワーのほか、エリンジウムなど。これらの花は水分量が多くないので乾燥させるのは容易だが、一部の色が変化しやすいので注意。

花びらの水分量や形状によって、比較的ドライフラワーにしやすい花と難易度が高い花があります。
難易度は主に4段階。初心者の方はLevel 1や2から始めてみましょう。
一味違うドライフラワーに挑戦したい方は、難易度の高い花を選んでみては？

Level 3

- シャクヤク
- アンティークアジサイ　など

シャクヤクやアジサイなど花びらが肉厚で多い花をきれいに仕上げるには、一気に乾燥させる必要があり、完成のタイミングを見極める経験や技術が求められる。アジサイならミナヅキやアンティークアジサイがおすすめ。

Level 4

- クレマチス
- クリスマスローズ
- スイートピー　など

ランの仲間や花びらがとても薄くて繊細なスイートピーなどは、ハンギング法（→P14）では花の形が崩れてしまう。新鮮な状態でシリカゲルを使用すれば、形状を維持しながらドライフラワーにできる（→P16）。

1 ハンギング法

Hanging Method

重力に逆らわず、逆さに吊るして生花を自然乾燥させる、
ドライフラワーのもっとも基本的な手法。シンプルな方法ながら、
きれいな色を保つには細やかな心配りが必要です。

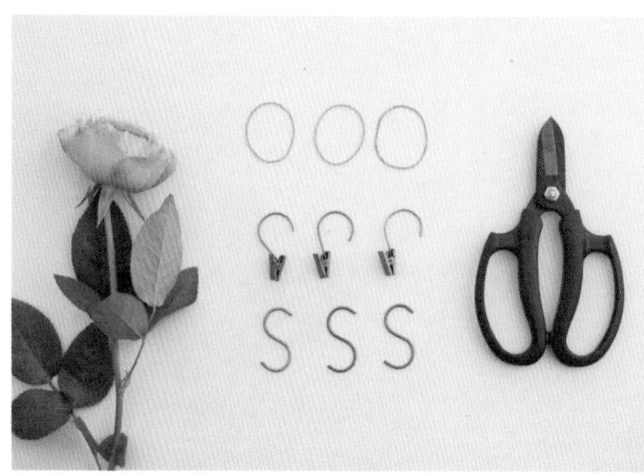

（ 用意するもの ）

好みの花
（ここではシャクヤクを使用）
輪ゴム
S 字クリップ
S 字フック
花切りバサミ

S 字クリップやS 字フックが手元にない場合は、麻紐などで茎を硬く縛り、ウォールフックやレールに吊るしても OK。洗濯用のピンチハンガーでも代用できる。

Process

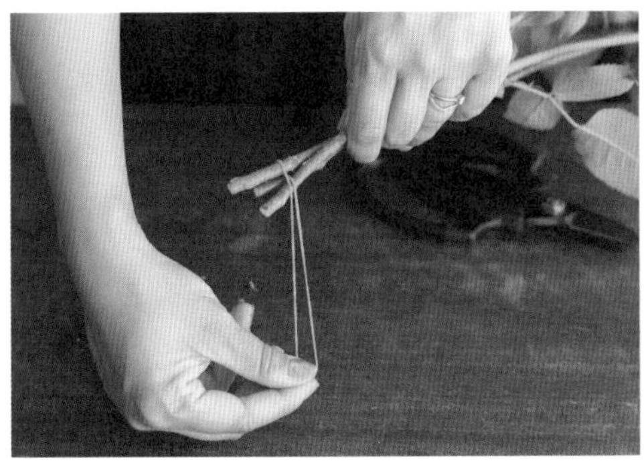

1 花の枝先を切り落として断面を整え、1本の枝に輪ゴムを引っ掛け2～3本まとめる。

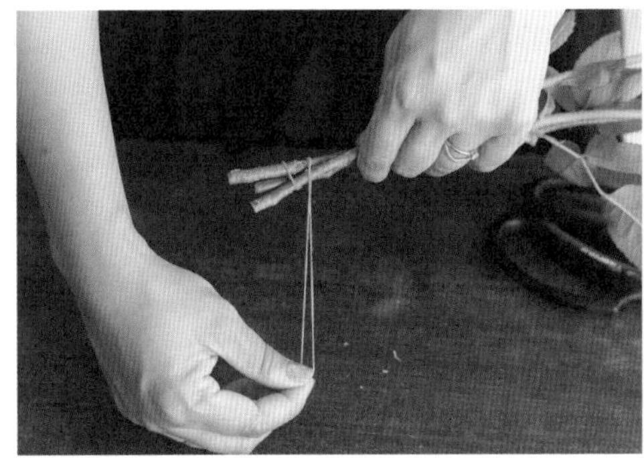

2 輪ゴムを3周以上回したら、1本の枝に引っ掛けて留める。

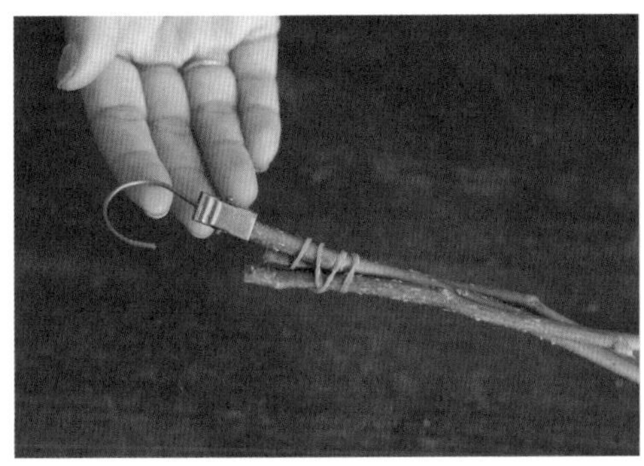

3 まとめた枝の先にクリップを取り付ける。麻紐などで代用する場合は、乾燥して茎が細くなったときに抜け落ちないよう、きつく縛る。

4 風通しがよく、直射日光が当たらない場所に引っ掛けて乾燥させる。スペースに余裕がある場合は、1本ずつ吊るすと花の形をきれいに保ちやすい。

Advice

Q1 色褪せるのを防ぐには？

乾燥するまでに時間がかかるほど、色が褪せてしまいやすいです。近くに除湿器を設置し、乾燥までの時間を短くすることで、褪色を最小限に抑えられます。自宅であればトイレなどの小さな個室は除湿器が効きやすく、ドライフラワー作りには適した環境です。

Q2 カビが生えてしまうのはなぜ？

花は生渇きの状態でも呼吸をするので、密閉空間や風通しの悪い場所に吊るすとカビなどの雑菌が繁殖しやすくなります。浴室の近くなど高温多湿の場所や、梅雨の時期は避けるとよいでしょう。

Q3 花が散ってしまう……

花びらが薄くて繊細な花や、花のガクと花びらの接続部分が弱い花は、ハンギング法だと特に散りやすいので、シリカゲル法や電子レンジ法がおすすめです (→P16,18)。※経年変化で完成したドライフラワーの花びらが散る場合は、虫が原因のことも。飾るときも高温多湿な環境は避けて。

※ダリアなど一部の花はシリカゲル法でも散りやすい場合があるので注意

2 シリカゲル法

Silica gel Method

シリカゲルは食品や衣類にも使われる乾燥剤。
このシリカゲルに花を埋めるようにして乾燥させることで、
ハンギング法では形が崩れやすい花も
形を保ちながらドライフラワーにできます。

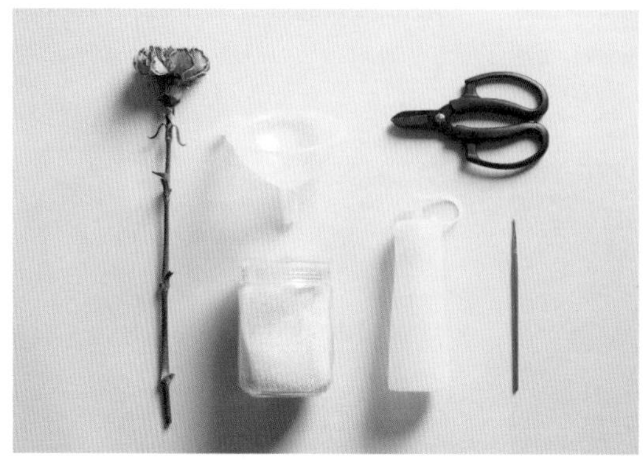

（用意するもの）

好みの花
（ここではカーネーションを使用）
密閉容器
ドライフラワー用シリカゲル
漏斗
花切りバサミ
ドレッシングボトル
絵筆

ドライフラワー用の細かいシリカゲルは、ホームセンターや100円均一店、各種通販サイトなどで入手できる。湿気を吸って色が変わったら、電子レンジで乾燥させることで半永久的に使用可能。

Process

1 花の茎を容器の大きさに合わせてカットし、茎が埋まるまでシリカゲルを詰める。シリカゲルはドレッシングボトルに入れると注ぎやすい。シリカゲルが花びら部分に達したら、花びらが潰れてしまわないように、側面から注いでいく。

2 花びらの下側から順にシリカゲルで支えるように隙間を埋めていき、花が見えなくなるまで完全に覆ったら、容器の蓋を締める。常温で問題ないが、高温多湿な場所はなるべく避けて保管する。

3 ２週間ほど経過したら、花が飛び出さないように注意しながらシリカゲルを別の容器に移す。

4 最後に花をそっと取り出し、花びらについているシリカゲルを絵筆でやさしく払い落とす。

Recommended Flowers

コチョウラン

ポピー

ダリア

パンジー

ヒマワリ

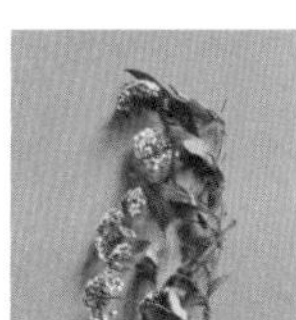

コデマリ

Advice

Q1 花が崩れてしまうのを防ぐには？

花が崩れてしまうのは、シリカゲルの重みで潰れることが原因。まず花びらの周りから埋め、次にやさしく花の頭中心部分から振りかけるように埋めていくのがポイントです。

Q2 １つの容器で２つ以上のドライフラワーを一緒に作れる？

花がシリカゲルの中で触れ合わないように埋めていくことで２つ以上を一緒に作ることも可能です。その場合は、容器の大きさに対して、乾燥させたい花の大きさ、個数にゆとりがあることがポイントです。

3 電子レンジ法

Microwave Oven Method

押し花は伝統的なドライフラワーの愉しみ方の１つですが、
専用キットと電子レンジを使うことで、
より短時間で簡単に乾燥させることができます。

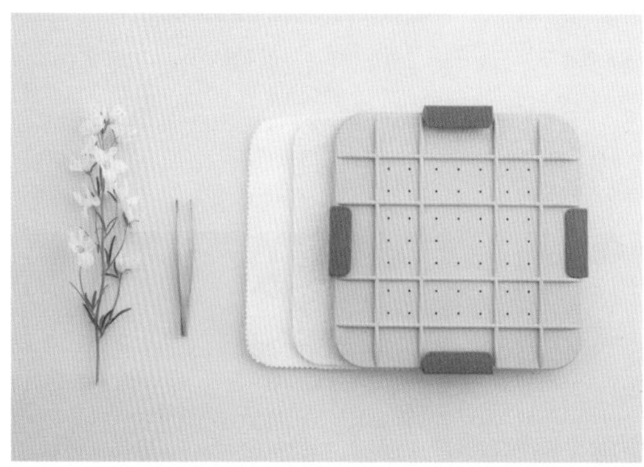

（用意するもの）

好みの花
（ここではデルフィニウムを使用）
電子レンジ用押し花キット
ピンセット

専用キットはハンドメイド用品店や各種通販サイトで1万円前後で購入できる。1度購入すれば繰り返し使える。厚みのある本などに挟む昔ながらの方法でも作れるが、その場合はこまめに水分を拭きとる必要があり、完成には時間がかかる。

Process

1 押し花にしたい花を専用キットの下側に乗せる。花を開いて見せたい方向に指で軽く押し潰す。1輪ずつ挟むか、数輪のついた一房で挟むかによって、違う趣を愉しめる。

2 キットの蓋を上からかぶせ、ゆっくりと花を挟みこむ。開いた花がずれないように、しっかりと固定する※。

※詳細な方法は、使用するキットの説明書に従う

3 500 Wの電子レンジに20秒ほどかけ、一度キットを取り出す。蓋とフェルトを外して蒸気を逃がし、花の状態を確認する。この作業を3回ほど繰り返す。

4 触ってみて十分に乾燥していたら完成。ピンセットで破れないように丁寧にはがす。写真フレームなどに挟んで飾ったり、カードやしおりに貼って楽しむのがおすすめ。

Recommended Flowers

カスミソウ

アネモネ

デルフィニウム

スイートピー

レースフラワー

ガーベラ

Advice

Q1 茶色くなってしまう原因は？

花が茶色くなるのは電子レンジの加熱時間が長すぎることが原因。1回の加熱時間は20秒までと短くし、こまめに取り出して状態を確認することで防げます。

Q2 レンジにかけたらふやけてしまった……

花に厚みがあり、ガクが潰れにくいバラやカーネーションなどは押し花にするとふやけやすいため不向き。押し花を愉しむなら、花びらが薄い花を選びましょう。もしくは、電子レンジでこまめに10秒単位で様子を見ながら制作すると、茶色になるのを防げる場合もあります。

1 染色液で染める

Staining Solution

生花に染色液を吸わせる方法は、初心者にとっても難しくありません。
基本の手順は、新鮮なうちに茎の断面を切り戻しして、染色液を吸わせるだけ。
さまざまな色で遊んでみましょう。

（用意するもの）

好みの花（ここではガーベラを使用）
染色液
花切りバサミ
花瓶
ゴム手袋

本書で使用した切り花着色剤「ファンタジー」（パレス化学）。花用の染色液は各種通販サイトで入手しやすい。初めてなら染まり具合がはっきりとわかる「ルビー」が◎。ニュアンスカラーにしたい場合は、セピアやチョコがおすすめ。

---

2 スプレー液で染める

Spray Dye

すでにドライフラワーになった花を染色できる方法です。
生花が出回らない輸入物のドライフラワーでも色変えを愉しむことができます。
まずは染まりやすい白色からぜひ試してみてください。

（用意するもの）

好みのドライフラワー
（ここではラナンキュラスを使用）
染色スプレー
ゴム手袋
バケツ（汚れてもよいもの）

本書で使用している吹き付けタイプの着色剤「プランツカラー」（パレス化学）は、切り花だけでなく、鉢花にも使用可能。各種通販サイトのほか、花の仕入れ専門店などでも扱いがある。ラメが入った華やかなタイプも市販されている。

Process

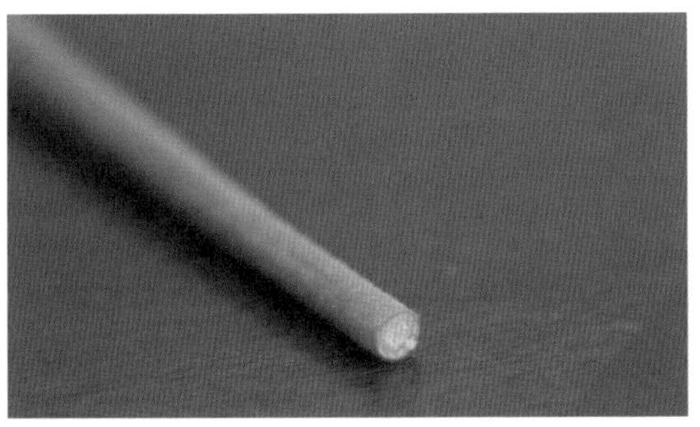

1 染色液の吸い上げをよくするため、茎や枝の先端を5～10mmほどカットする。これを切り戻しという。

2 染色液を花瓶に入れ、切り花に吸わせる。水圧がかかったほうが染料を吸いやすいため、茎や枝が15cm以上浸かるようにする。

3 茎が染まっていれば、きちんと染まったサイン。染色後は手が汚れないようにゴム手袋を使うのがおすすめ。枝をすすぐのも忘れずに。

4 染色液を吸わせる時間によって、色の濃さが変わる。薄付きにしたい場合は、様子を見ながら短時間で引き上げる。

Process

1 花の先端から徐々に側面に広げるようにスプレーを吹きかけていく。染色スプレーで汚れてもいい大きめのバケツの中などで作業するのがおすすめ。

2 シャクヤクやバラのように花びらが多い花は、中まで染まるように、重なっている部分をずらしながらムラなく染める。

3 面積の広い側面の花びらの染め残しもチェックする。側面もムラなくきれいに染めると、元々その色だったかのような美しい仕上がりに。

4 より濃い色にしたい場合は、スプレーが完全に乾いたら、二度塗りする。あえて違う色で二度塗りして愉しむことも（→P27）。

染色カラー図鑑

Dyeing Color Picture Sample

染料の色味がわかりやすい白のラナンキュラスとカーネーションを使って、
14色の染まり方を比較してみました。
花びらの面積が広いラナンキュラスのほうが淡く染まりやすいことがわかります。
また、染料に黄味が入っていると、
先端にかけて淡く滲むグラデーションが生まれやすくなります。

使用した染色液 「ファンタジー」（パレス化学）

ルビー

レッド

ピンク

パープル

セピア

モカ

アプリコット

モスグリーン

ミント

グリーン

ラベンダー

グランブルー

ロイヤルブルー

ブラック

色花を染めてみよう

Let's Dye Flowers

1. イエローのガーベラを染める

染色前

パステルカラーの淡いイエローは、色花×染色液の入門にぴったり。花の色が主張は強すぎず、生花にはない色遊びができる。

Color.1
セピア

同系色の少し濃い色味・セピアを掛け合わせた。同系色の組み合わせは優しいニュアンスカラーに染まりやすい。

2. オレンジのカーネーションを染める

染色前

暖色系の花はほんのり色付く程度がナチュラルなので、染色液を吸わせる時間は15～30分程度がベスト。

Color.1
ピンク

元の色も活きる同系色のピンクとの掛け合わせ。ドライフラワーにした際、色持ちがよくなる効果が期待できる。

3. 紫のバラを染める

染色前

染色液との掛け合わせが想像しにくい、少しセピアの入った独特な風合いの落ち着いた紫のバラを使用。素直にピンクで染めれば、地の色とのグラデーションを愉しめる。

Color.1
モカ

モカと掛け合わせることで、輪郭がはっきりする。全体が染まりすぎない程度で引き上げるのがポイント。

白の花を使うと染色液の色味がそのまま出やすいのに対して、
色花に染色液を使うと、思いがけない色合いが生まれることも。
花の色と染色液の掛け合わせならではの絶妙な色合いを愉しんでみましょう。

使用した染色液 「ファンタジー」（パレス化学）

可愛らしい印象のピンクとの掛け合わせ。淡いイエローとのグラデーションが、自然界にはありそうでない色合いに。

元のイエローにはない、青と赤の中間色・ラベンダーとの掛け合わせ。個性的で目を引くカラーリングを表現できる。

反対色のブルー系との掛け合わせ。先端に残るオレンジ色＋側面のブルーのグラデーションで、ビビッドな印象に。

暖色系の花と中間色のパープルの掛け合わせ。輪郭がはっきりするので、可愛すぎない印象にしたいときに◎。

濃い紫の花とミントを掛け合わせると、青味が現れる。暖色と寒色のグラデーションが生まれ、意外性のあるカラーリングに。

色花とブラックとの掛け合わせは、本来の色味も残るように15分程度で引き上げるのがコツ。元の紫はほどよく残りつつ、かっこいい印象に。

染色液をミックスしてみよう

Mixed Solution

染色液は絵の具のように複数の色を混ぜて使用することも。
既製品にはないオリジナルのカラーリングを愉しめます。使用する花は、色の再現度が高い白がおすすめ。

使用した染色液 「ファンタジー」(パレス化学)

1. セピア×ルビーで染める

真っ赤なルビーに同量のセピアの黄色みを混ぜることで、柔らかさを追加。

→

花びらのグラデーション部分をよく見るとほんのり黄色みが現れており、優しい赤に。

2. ピンク×グランブルーで染める

ピンクに青味を追加し、絶妙な紫を狙った。赤味を強く出したい場合はピンクの分量を増やして調整を。

→

ピンクの印象は薄まるが、全体に紫がかった色味になり、既製品にはない色の美しさを表現できる。

3. ピンク×セピアで染める

ピンク単色だとビビッドな印象になるが、同量のセピアを追加して優しいサーモンピンクを意図した組み合わせ。

→

セピアの淡さが全体によく現れている。一方、花びらの先端部分はピンクが強調され、単色にはないニュアンスに。

染色スプレーをミックスしてみよう

Mixed Color

染色スプレーも異なる２色のスプレーの掛け合わせや、
色花との掛け合わせを愉しむことができます。スプレーを２色使いする場合は白の花がおすすめ。

使用した染色液 「プランツカラー」（パレス化学）

1. イエロー×ピーチで染める

イエロー×ピーチのグラデーションという、自然界ではほとんど見られない組み合わせ。

→

全体をイエローで染め、乾いたら、中心部分のみにピーチ吹き付ける。色が同化しやすいので、ピーチを重ね付けするのがポイント。

2. ブルー×ピーチで染める

ブルーとピーチという反対色を使用し、強いコントラストを狙った組み合わせ。

→

全体をブルーで染め、乾いたら、中心部分のみにピーチを吹き付ける。２色が重なった部分はグリーンのような色合いに。

3. ピンクの花×ピーチで染める

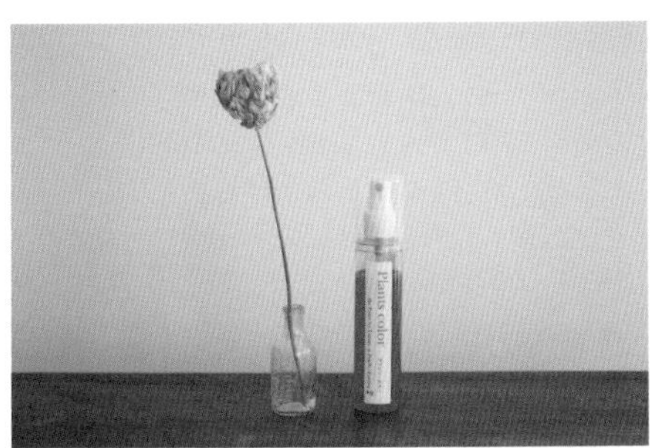

ピンクのラナンキュラスを同系色のピーチで染め、ドライフラワーにしたときの色持ちを高めることを狙った。

→

スプレーで染めるのはあえて中心部分だけに留め、褪色した際には同系色のグラデーションを愉しめるように。

(*Column*)

Flower Culture in Paris

パリの花文化

私がフローリストとしてのスキルアップを目指してパリに花留学したのは、2018年1月のこと。当時はまだ花についての知識が浅く、技術も未熟だったので、思い切ってフラワーアレンジメントの本場・パリで学ぼうと決意しました。せっかくならと帰国後に支援者とつながることができる、クラウドファンディングという方法を選びました。

パリでの師匠は、フランス人と国際結婚した現地在住の日本人フローリストで、日本でも8年間ほどブライダル関連の花の仕事に従事されていた方です。留学中は、Airbnbで見つけたフランス人ご夫婦のご自宅に1ヶ月ほど滞在したのですが、そこではパリの花文化だけではなく、食文化などたくさんの異文化に触れることができ、人生の価値観が大きく変化した期間でした。

特に印象的だったのは、パリの人々のアートに対する造詣の深さです。例えば、留学中にワークショップを開催するため、カフェや書店、雑貨店などに飛び込み営業をしましたが、初めて会う日本人（パリの人にとっては外国人）の私に対して「ぜひ実施して！」「20人呼んでもいいし、好きに使ってね」と二つ返事で歓迎ムードなのです。これが日本だったら、「まずは責任者に確認を……」となるのが普通でしょう。日常の延長線上でアートを愉しみ、アートを介してつながっていくのが当たり前というパリの価値観に触れられたことは、とても大きな財産になりました。

帰国後、本場パリでの花留学の経験が、私の活動を後押ししてくれています。今までフローリストとして大きな実績や肩書きもなかったところから、「フラワーサイクリスト®」として「ロスフラワー®」に新たな命を吹き込むという、私にしかできない活動を見出すことができました。日本では、まだまだお花はハレの日やイベントの際に愉しむ“非日常の特別なもの”という意識が強いように思います。パリの人々が肩ひじ張らずにアートやお花を愉しんでいるように、日本でも日々の生活の中に花文化が根付いたらどんなに素敵でしょう。その実現に向けて活動の幅を広げていきたいと思っています。

パリにある花市場・
ランジスでの1枚。
2月なので春の花が
ずらりと並ぶ。

花の選定の知識やパリテイストを教えてくれた花屋さん。特にカラーリングへのこだわりが強く、アレンジメントに使う色、使わない色の好みがはっきりしていた。

春の季節感がたっぷりのブーケのレッスン。花の向きを試行錯誤しながら挿していく。パリらしい鮮やかな花々に心が躍る。

レッスンで制作したクレッセントブーケ。三日月のようなカーブを表現するのは難しかったが、楽しみながら作った思い出の作品。宿泊していたホストファミリーにプレゼントすると、早速自宅に飾ってくれた。

初めてのバスケットアレンジ。パリでは家の中にも自然の風景を取り込んで愉しむ文化が根付いている。

パリ留学の目標の1つだった、エッフェル塔前でのワークショップ。早速、現地のカップルにパリで学んだミニブーケの作り方をレクチャー。

2

Rosa sp./Limonium sinuatum/Gypsophila elegans/Gomphrena globrosa/Ranunculus asiaticus/Dianthus caryophyllus/Eustoma grandiflorum/Paeonia lactiflora/Tagetes erecta/Celosia argentea/Lathyrus odoratus/Delphinium sp./Matthiola incana/Ammi majus/Astilbe arendsii/Spiraea cantoniensis/Hydrangea macrophylla/Hydrangea paniculata/Solidago sp./Capsella bursa-pastoris/Lagurus ovatus/Syncarpha vestita/Callistephus chinensis

New Aspects of

街のお花屋さんで手に入りやすい定番のお花も、染色というひと手間を加えてドライフラワーにすれば、見たことのない新しい表情を見せてくれます。新たな花の世界に踏み込んでみませんか？

なじみの花の
新たな一面に出合う

Common Flowers

バラ

Rosa sp.

バラ科バラ属
別名：ショウビ、月季花、長春花
流通時期：通年

☑ ハンギング法　☐ シリカゲル法　☐ 電子レンジ法

世界中で愛されるもっとも有名な花であり、高級感が漂うバラは、染まりやすく、ドライにするのも簡単なので、初心者にもおすすめです。色がはっきり現れる大きな花びらはさまざまな色を試すのにピッタリで、染色の愉しさに気付かせてくれるでしょう。

生花

ドライ

How to Make

（使用した染色液）
→ ファンタジー　ブルー

- 白いバラは、あえて自然界にはないブルーで染めれば、アレンジメントに幅が広がる
- ピンクやオレンジなどのカラー品種は、反対色で染めると個性的な存在感に（→ P24）

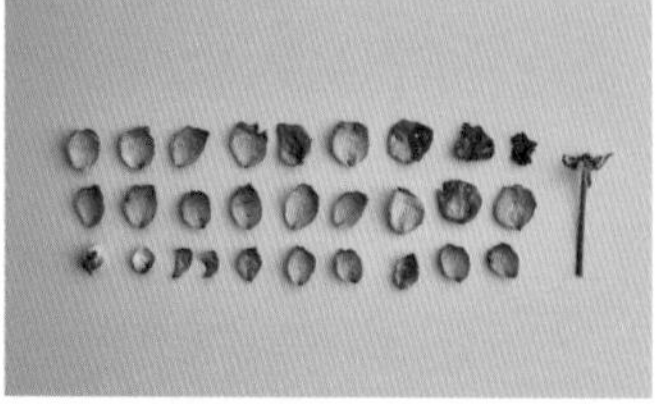

新鮮な状態で染色液を吸わせれば、中心部の花びらまで均等に染まる。染色時間をあえて短く切り上げれば、濃淡のグラデーションを愉しめる

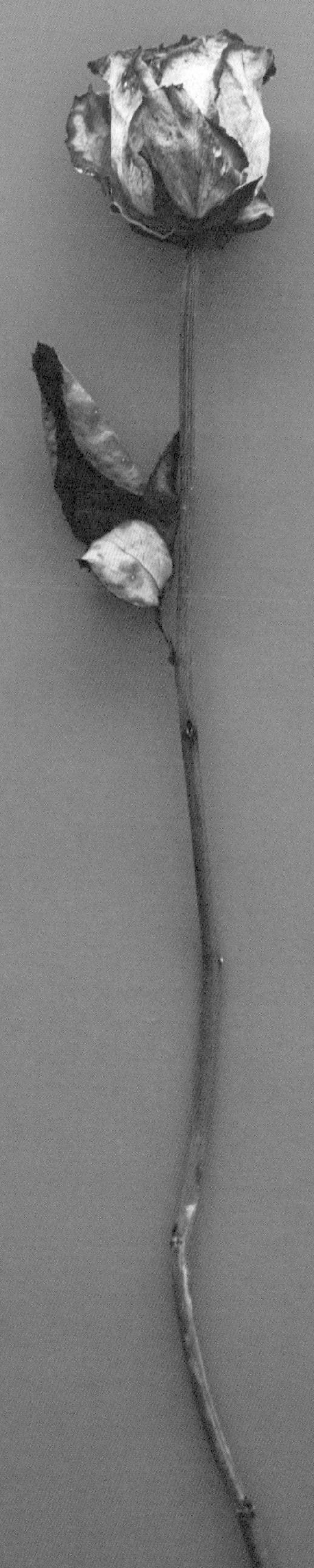

スプレーバラ

Rosa sp.

バラ科バラ属
別名：スプレーローズ
流通時期：通年

☑ ハンギング法　☐ シリカゲル法　☐ 電子レンジ法

高級なイメージのスタンダード咲きのバラに対して、小ぶりの花が複数咲くスプレー咲きのバラは可憐な印象。ドライにすると1輪がより小さくなり、繊細さが増します。染色したカラフルな小花はアレンジメントのアクセントとしてぴったりです。

生花

ドライ

02 Rosa sp.

How to Make

（使用した染色液）
→ ファンタジー　ルビー

- 乾燥するとトゲが硬くなり危険なので、生花のうちにトゲを取っておく
- ルビーのような濃い色なら、時間が経っても褪色しにくい
- カラーの品種は濃い色が多いので、あえて淡い色で染めても

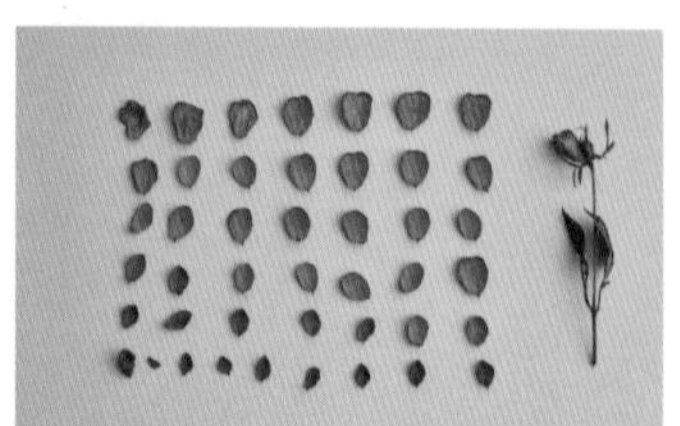

スタンダードのバラに比べて花びらが小さいので、より均一に色が入り、色の濃淡は表現しにくい

スターチス

Limonium sinuatum

イソマツ科リモニウム属
別名：リモニウム
流通時期：5～10月

☒ ハンギング法　☐ シリカゲル法　☐ 電子レンジ法

フリルのように見える部分は、実はガク。その中に小さな花が咲きますが、カラフルでボリューミーなガクの部分を愉しむ品種です。このガクの部分は染まりにくいのですが、茎を染めることでガクをより際立たせることもできます。

生花

ドライ

How to Make

（使用した染色液）
→ ファンタジー　モカ

- 染まるのは茎の部分なので、淡い暖色系だと変化がわかりにくい
- 生花とドライでほとんど印象が変わらないが、モカで染めることで、アンティークな雰囲気に

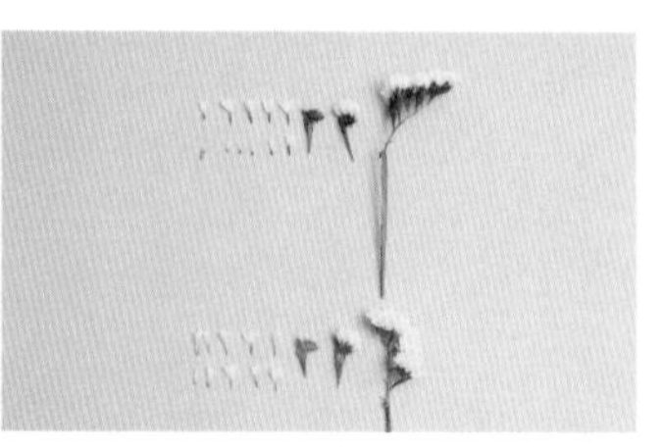

茎には角があり、スタイリッシュな印象。ガクは水分が少なく、分解しても崩れないため、アレンジメントに向く

カスミソウ

Gypsophila elegans

ナデシコ科カスミソウ属
別名：ムレナデシコ、ジプソフィラ、ベビーズブレス
流通時期：通年

☑ ハンギング法　☐ シリカゲル法　☑ 電子レンジ法

生花店で入手しやすく、生花としてもドライフラワーとしても誰もが簡単に楽しめる花の代表です。脇役としても活躍しますが、単体でブーケにすれば、可憐さを表現できます。

生花

ドライ

How to Make

（使用した染色液）
→ ファンタジー　パープル

- 束の状態でドライにすると、花びらどうしが引っかかって落ちやすいので、1本ずつ吊るすのがベスト
- 濃い色を選ぶと、自然界にはない強い印象を演出できる

左はルビー、右はブルーで染色。茎が多く傷つきやすいため、染まらない花も出てくるが、白とカラーの花が入り混じる様子が味わいになる

センニチコウ

Gomphrena globrosa

ヒユ科センニチコウ属
別名：ダンゴバナ、センニチソウ、
グローブ・アマランサス
流通時期：5～11月

☑ ハンギング法　□ シリカゲル法　□ 電子レンジ法

イチゴの実のような一風変わった花が印象的な、野原にも咲く丈夫な品種。水分が少なく、ドライにしても縮まないため、生花とドライの見た目はほとんど変わりませんが、色を入れることでこれまでにない印象にチャレンジできます。

生花

ドライ

05 Gomphrena globrosa

How to Make

（使用した染色液）
→ ファンタジー　ブルー

- 花の中心部がよく染まり、先端は濃く染まらないため、ニュアンスカラーのように淡い発色になる
- 乾燥させると花びらが落ちやすいので、丁寧に扱う

左からパープル、セピア、ブルーで染めたもの。葉も染まりやすいので、アレンジメントに合わせて色の幅を広げることができる

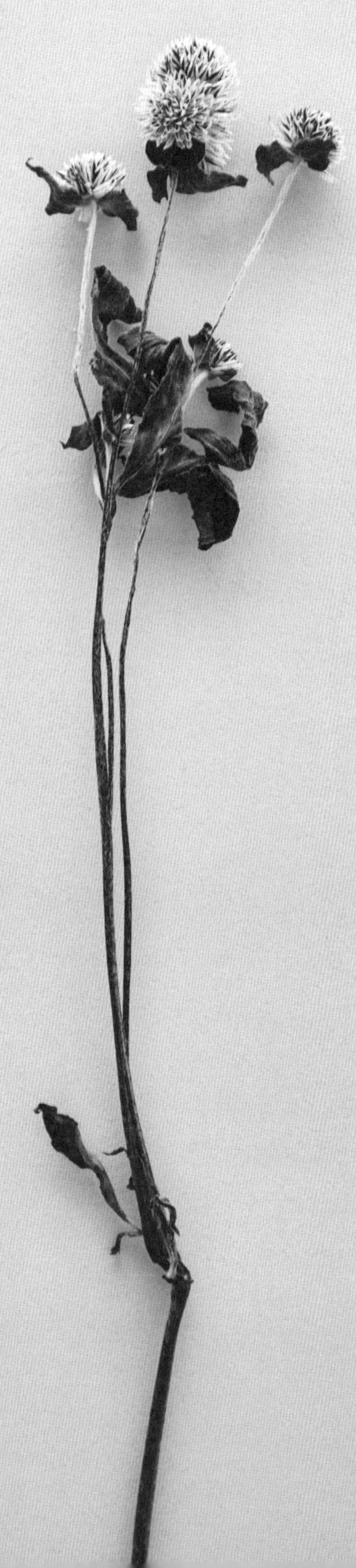

ラナンキュラス

Ranunculus asiaticus

キンポウゲ科キンポウゲ属
別名：ハナキンポウゲ
流通時期：12 ～ 4 月

☑ ハンギング法　☐ シリカゲル法　☐ 電子レンジ法

1 輪がじつに 200 枚以上の花びらから成る華やかな品種。外側の大きな花びらもよく染まるので、染色を愉しむ入門の花としてもおすすめです。つぼみも同様に染まりやすいので、開花した花との形の対比も愉しめます。

生花

ドライ

How to Make

（使用した染色液）
→ ファンタジー パープル

- 花の直径が大きい品種を選べば、乾燥させてもインパクト抜群でアレンジメントで映える
- 花びらの面積が大きいので、2 色のミックスなど繊細な色の変化も愉しみやすい

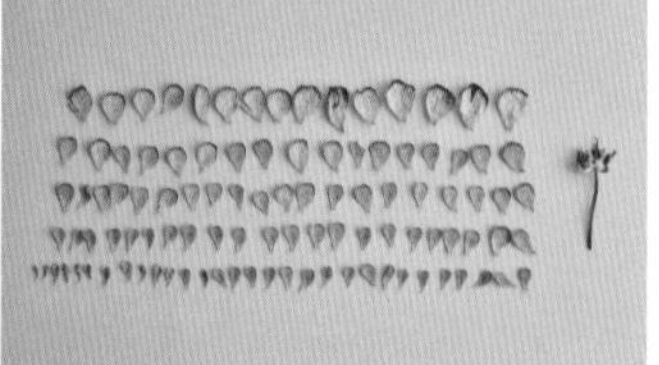

中心部の小さな花びらまで均等に染色液を吸い上げ、よく染まっている。1 枚 1 枚は、先端に向けてグラデーション状に色が濃くなっている

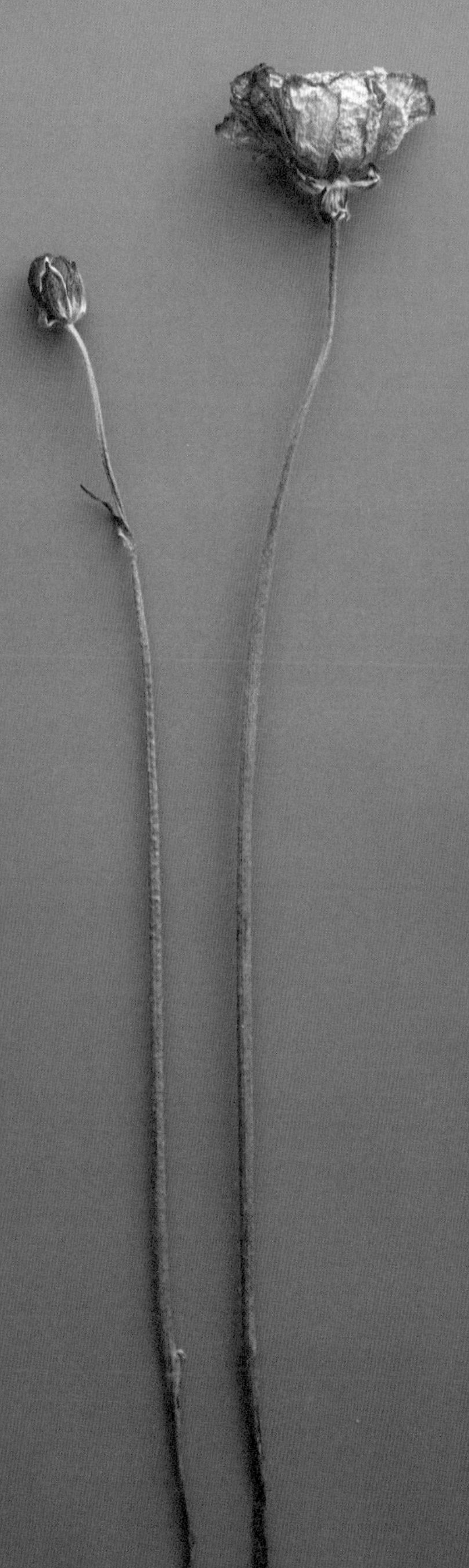

カーネーション

Dianthus caryophyllus

ナデシコ科ナデシコ属
別名：オランダナデシコ、ジャコウナデシコ、アンジャベル
流通時期：通年

☑ ハンギング法　☑ シリカゲル法　□ 電子レンジ法

国産品種はもちろんのこと、母の日付近には個性的な輸入品種も出回ります。価格も手ごろで、生花でもドライでも愉しみやすい花です。ハンギング法で乾燥すると花びらが4分の1ほどに縮んでしまうので、しっかり開花させた状態でドライフラワーにするのがポイント。

生花

ドライ

07 Dianthus caryophyllus

How to Make

（使用した染色液）
→ ファンタジー モカ

- 濃い色で染色すれば、花が縮んでも存在感がアップする
- 生花の色に合わせて染色すれば、褪色の予防になる
- シリカゲル法でドライにすれば、花のボリューム感をキープできる

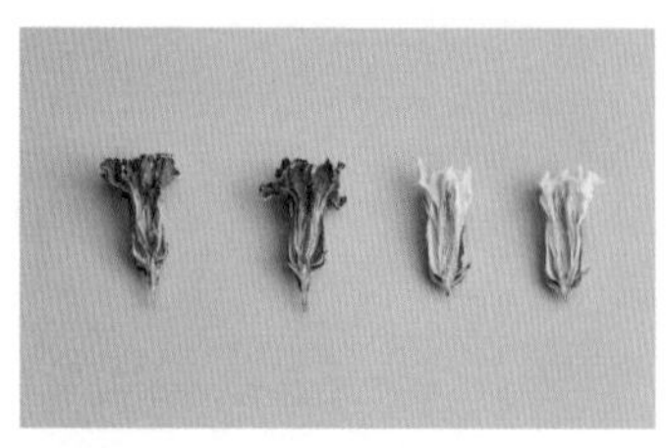

花の断面を見ると、中心部にめしべがあるのがわかる。このめしべが伸びて花の表から見えるようになったら、完全に開花しているサイン

トルコキキョウ

Eustoma grandiflorum

リンドウ科ユーストマ属
別名：トルコギキョウ、ユーストマ、
リシアンサス
流通時期：通年

☒ ハンギング法　☐ シリカゲル法　☐ 電子レンジ法

１本でも華やかな存在感がある花です。生花は花もちがよく長く愉しめますが、その分乾燥するまで時間がかかります。１本ずつ吊るして、時間をかけて乾燥させましょう。染色する場合は、グラデーションが現れたところで切り上げるのがおすすめです。

生花

ドライ

08 Eustoma grandiflorum

How to Make

（使用した染色液）
→ ファンタジー　パープル

- ハンギング法でドライにすると、花の形がシャープな印象に
- 染色液を吸わせる時間を長くすると均一に染まるが、あえて短めにすると、元の花の色と美しいグラデーションが生まれる

染色したものとしていない花の断面の比較。短い時間で染色液から上げると、花の下側にのみ濃く色が入る

シャクヤク

Paeonia lactiflora

ボタン科ボタン属
別名：カオヨグサ、ピオニー
流通時期：３～７月

☑ ハンギング法　☐ シリカゲル法　☐ 電子レンジ法

５月の代表的な和花で、日本の気候で育てやすい花でもあります。生花店では開花前の状態で販売されていることも多いので、開花させてからドライフラワーにする必要があります。花は大きいものの繊細な雰囲気が持ち味なので、優しい色味を選ぶのがよいでしょう。

生花

ドライ

How to Make

（使用した染色液）
→ ファンタジー　セピア

- 開花させる過程で蜜が出てきやすいので、こまめに拭き取る
- 薄く繊細な花びらの雰囲気に合わせて淡い色味を選ぶのが◎

マリーゴールド

Tagetes erecta

キク科マンジュギク属
別名：センジュギク、マンジュギク
流通時期：通年

☑ ハンギング法　☐ シリカゲル法　☐ 電子レンジ法

日本でも園芸種として広く親しまれていますが、原産地のメキシコでは死者に捧げる花として、色鮮やかな装飾に使われます。花が強いオレンジや黄色なので、染色する場合は、元の色味とぶつかるような濃い色味は避けるのが無難です。

生花

ドライ

10 Tagetes erecta

How to Make

（使用した染色液）
→ ファンタジー　セピア

- 元々の花の色と同色系のセピアなどで染めることで、濃淡が生まれ深みが増す
- 乾燥させると葉が波打ったように縮み、個性的な雰囲気に

左は染色後、右は染色前の花の断面。色の濃い花びらの変化は一見ではわかりにくいが、筒状花という中心部の花びらの根本まで染まっているのがわかる

ケイトウ

Celosia argentea

ヒユ科ケイトウ属
別名：ケイカンカ、カラアイ
流通時期：5〜12月

☑ ハンギング法　☐ シリカゲル法　☐ 電子レンジ法

その名の通り、鶏の鶏冠（とさか）のような個性的な形の花で、アレンジメントにスタイリッシュさをプラスできます。花びらが散ることがないためドライに加工しやすく、長く愉しむのに適したお花です。

生花

ドライ

How to Make

（使用した染色液）
→ ファンタジー　ルビー

- 鮮やかな品種であっても、ドライにするとくすみやすいので、ルビーなどの強く濃い色で染めると◎
- 生花と同じ色を入れれば、生花の色をキープできる

花に見えるフリル状の部分は花序（茎が変形したもの）で、その根元部分に小花が集合している。茎、小花、花序まで均一に染まる（写真左）

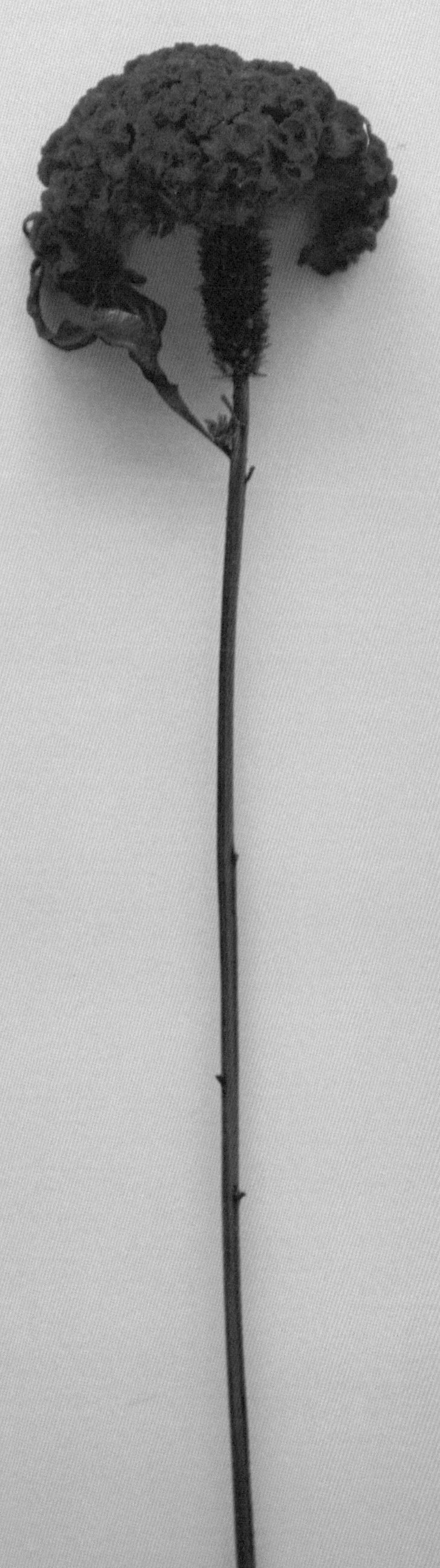

スイートピー

Lathyrus odoratus

マメ科レンリソウ属
別名：カオリエンドウ、ジャコウエンドウ、ジャコウレンリソウ
流通時期：11 ～ 4 月

☑ ハンギング法　☑ シリカゲル法　☑ 電子レンジ法

春の代表的な花の1つ。ツルの先にフリル状のかわいらしい花を付けます。複数本まとめてアレンジに使用することで、華やかさがアップします。ハンギング法で手軽にドライにすることもできますが、シリカゲル法なら写真のようにフリルがよりきれいに残ります。

生花

ドライ

How to Make

（使用した染色液）
→ ファンタジー　ブルー

- カラーのバリエーションが豊富な品種なので、ブルーやブラックなど、あえて自然界にはない色味を愉しむのがおすすめ

左はシリカゲル法、右はハンギング法で乾燥させたもの。ハンギング法のほうが全体的に縮んでおり、フリルはほとんどわからない

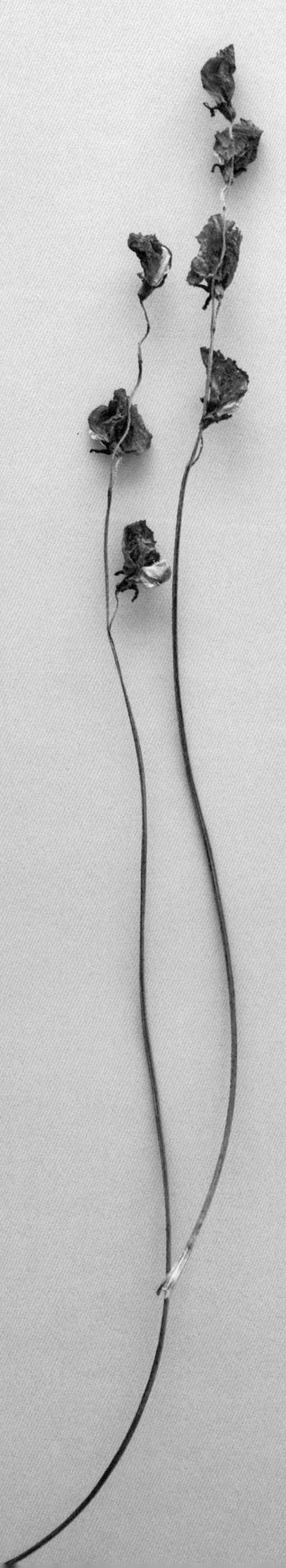

デルフィニウム

Delphinium sp.

キンポウゲ科デルフィニウム属
別名：ヒエンソウ
流通時期：４～６月

☑ ハンギング法　□ シリカゲル法　☑ 電子レンジ法

メインの花茎から分枝し、それぞれ複数の花を付けるスプレー咲きの花です。小ぶりながら1つ1つ美しい花びらをまとっており、電子レンジ法で押し花にして、花の形そのものを愉しむのもおすすめです（→P18）。

生花

ドライ

How to Make

（使用した染色液）
→ ファンタジー　セピア

- ハンギング法で乾燥させると、多くの花を付けるスプレー咲きならではのボリューム感を愉しめる
- 染め時間によって色の濃淡を表現しやすい。好みの濃さになったら引き上げて

左は染め時間を短くしてセピアで染色。右は薄ピンクの品種をそのまま乾燥させたもの。淡く染めれば、自然のものと並んでも"作り物感"はない

ストック

Matthiola incana

アブラナ科マッティオラ属
別名：アラセイトウ
流通時期：10～4月

☑ ハンギング法　☐ シリカゲル法　☐ 電子レンジ法

野菜のようなしっかりした茎に、色とりどりのフリル状の花が咲きます。水分が多く完全に乾燥するまで時間がかかるため、白い花でもドライになると意図せずクリーム色っぽく色付くこともあります。染色すれば、思いのままのカラーにコントロールできます。

生花

ドライ

14 Matthiola incana

How to Make

（使用した染色液）
→ ファンタジー　コバルト

- ボリューミーな花びらの存在感に負けない強い色味がおすすめ
- 乾燥させるまで時間がかかる品種なので、ドライフラワー完成後も湿気の多い場所には特に注意が必要

花びらを分解してみると、よく染まった花びらと染まらなかった花びらが入り混じっていることがわかる。自然な色ムラを趣として愉しもう

レースフラワー

Ammi majus

セリ科ドクゼリモドキ属
別名：ドクゼリモドキ
流通時期：通年

☒ハンギング法　☐シリカゲル法　☒電子レンジ法

花軸から放射状に柄をのばし、繊細な花を咲かせる様子は、まさにレースのよう。生花は寄り集まった白い花が印象的ですが、ドライにするとその花1つ1つにつながる繊細な茎の美しさが強調されます。染色すれば、色の幅も広がります。

生花

ドライ

15

Ammi majus

How to Make

（使用した染色液）
→ファンタジー　ブルー

- ハンギング法なら、お椀状に広がる花の形を潰すことなくドライフラワーにできる
- ブルーなどのはっきりした色味で染めれば、繊細ながらアレンジメントでも存在感を発揮する

左はルビー、右はブルーで染色したもの。元が白など淡い色なので、小さな花の1つ1つがどんな色にもよく染まる

アスチルベ

Astilbe arendsii

ユキノシタ科チダケサシ属
別名：アワモリソウ、ショウマ
流通時期：通年

☑ ハンギング法　☐ シリカゲル法　☐ 電子レンジ法

トンガリ帽子のような形が特徴的で、生花はふわふわとした柔らかい印象ですが、ドライにすることで硬い質感でシャープな印象に変化します。バラやシャクヤクなどの大輪の花に添えれば、アレンジメントの華やかさをグッと格上げしてくれます。

生花

ドライ

How to Make

（使用した染色液）
→ ファンタジー ルビー

- アレンジメントに使う場合は葉を取ってドライにすると扱いやすい
- 白のほか淡いピンクや水色の品種があるので、染色ではあえて濃い色を選んで愉しみたい

先端まで均一に染まるため、トンガリ帽子形状の花の輪郭がはっきりと浮かび上がる。アレンジメントでも存在感を発揮する

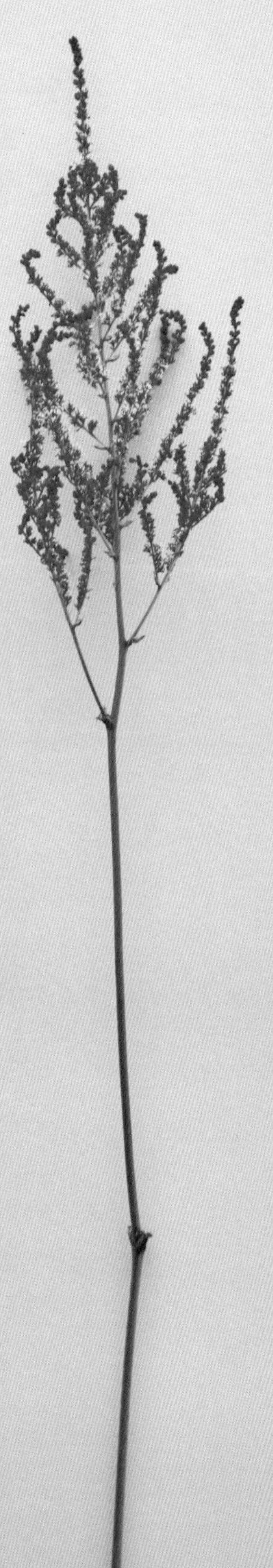

コデマリ

Spiraea cantoniensis

バラ科シモツケ属
別名：スズカケ
流通時期：１～５月

□ ハンギング法　▨ シリカゲル法　□ 電子レンジ法

枝物はワイルドな印象のものが多いなかで、繊細な花を咲かせる貴重な存在。茎から花が四方八方に広がって咲く散房花序の植物で、鞠(まり)のようなかわいらしい丸い花序が連なります。シリカゲル法（→P16）でその形を生かすのがおすすめです。

生花

ドライ

How to Make

（使用した染色液）
→ ファンタジー　ミント

- 花はもちろん葉や茎まで染まりやすいので、染色液の色によって雰囲気が大きく変わる
- ミントなどの寒色ならスタイリッシュな雰囲気に、セピアなどの淡い色なら生花に近い印象に

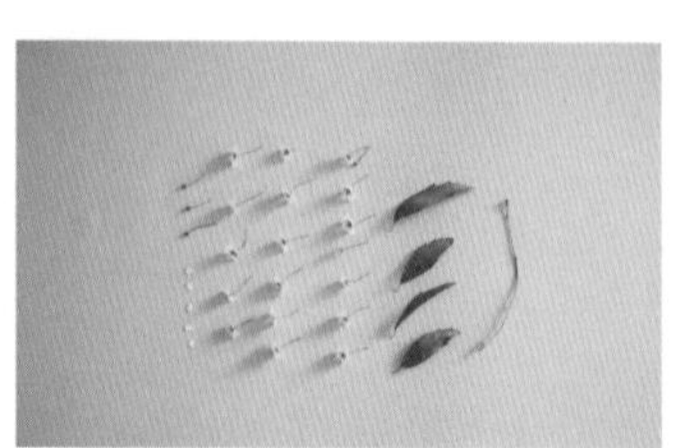

１つの花序を分解した様子。花序を構成する小さな部位がそれぞれ染まり、集合するとより色味がはっきりと表現される

アンティークアジサイ

Hydrangea macrophylla

アジサイ科アジサイ属
別名：秋色アジサイ
流通時期：通年

☑ ハンギング法　☐ シリカゲル法　☐ 電子レンジ法

アジサイのドライフラワーは、1本でも存在感抜群で、空間をグッとおしゃれな雰囲気にしてくれます。なかでも時間とともに緑がかってくるアンティークアジサイは、ドライ向きです。時間経過と染色による変化で、さまざまな表情を愉しめるでしょう。

生花

ドライ

How to Make

（使用した染色液）
→ ファンタジー　ルビー

- 染色せずに品種本来の色味の変化を愉しむのもおすすめ
- ルビーのような深い色味で染めたものと、染めていないものを一緒に飾ってもなじみやすい

染色前も花びらはグラデーションになっており（写真右）、染色後も外側から中心部にかけてグラデーションに染まる（写真左）

ドライ

染色ドライ

ミナヅキ

Hydrangea paniculata

アジサイ科アジサイ属
別名：ピラミッドアジサイ
流通時期：7〜10月

- [x] ハンギング法
- [ ] シリカゲル法
- [ ] 電子レンジ法

日本で生まれたアジサイの園芸種の1つ。ピラミッドのようなボリュームある花の付き方が特徴ですが、1つ1つの花は他のアジサイより小ぶりで可憐。花を分解してアクセサリーなどの素材として使うのにも向いています。

How to Make

（使用した染色液）
→ ファンタジー　ルビー

- 褪色しやすいため、生花の色と同じ染色液で染めて色味をキープするのがおすすめ
- 自然な仕上がりにするには、薄付きくらいのタイミングで染色液から引き揚げる

染色した場合も、染まりやすい部分（写真左）と染まりにくい部分（写真右）がある。まだらな染まり方を趣として愉しんで

ソリダゴ・タラ

Solidago sp.

生花

キク科アキノキリンソウ属
別名：ソリダコ、ゴールデンロッド
流通時期：通年

- ☑ ハンギング法
- □ シリカゲル法
- □ 電子レンジ法

ソリダコという通称で呼ばれることが多く、フレッシュなグリーンは和風アレンジにも洋風アレンジにも重宝します。多少は黄味がかりますが、ドライにしてもグリーンが印象的なので、染めずに元の色味を生かすのがおすすめです。

How to Make

- 先端の花が落ちやすいので、アレンジメントに使う場合は扱いに注意
- 染める場合は、グリーンを入れて元の色味を強調するのが◎

ドライ

ナズナ

Capsella bursa-pastoris

アブラナ科ナズナ属
別名：ペンペングサ
流通時期：通年

- [x] ハンギング法
- [ ] シリカゲル法
- [ ] 電子レンジ法

古来、野草として親しまれている植物です。アレンジに加えると、たちまち野趣に満ちたナチュラルなテイストになります。そのナチュラルな雰囲気が魅力ですが、染色によって洗練された雰囲気のアレンジメントにも挑戦できます。

How to Make

染色ドライ

（使用した染色液）
→ ファンタジー　ブルー

- 乾燥させると葉っぱより丸い果実が目立ち、個性的で高いデザイン性をまとう
- ブルーなどの濃い色味なら、小さな果実の輪郭も強調される
- ナチュラルな雰囲気を目指すなら、黄色や緑系の染色液が◎

染色した果実の部分のアップ。均一によく染まり、特徴的な丸い形状が強調されている

ラグラス

Lagurus ovatus

生花

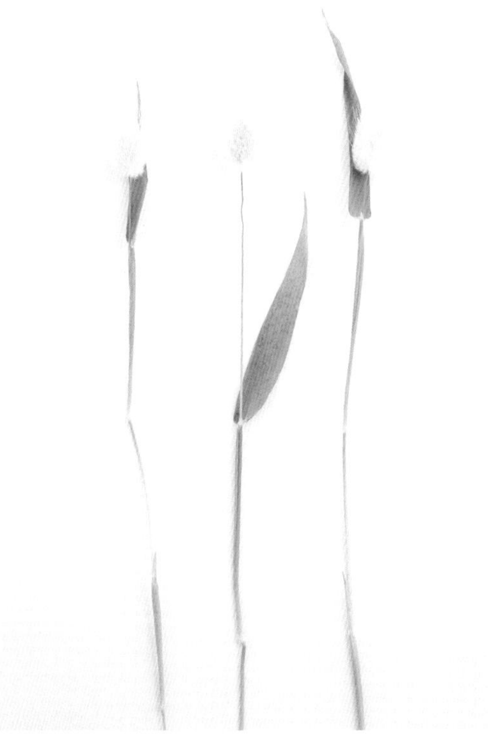

イネ科ラグラス属
別名：ウサギノオ、バニーテール
流通時期：通年

- [x] ハンギング法
- [ ] シリカゲル法
- [ ] 電子レンジ法

ふわふわとした温かみのあるイネ科の1種で、ウサギの尻尾に例えられることも。染めると淡く発色し、唯一無二の幻想的な雰囲気をまといます。生花はナチュラルテイストなアレンジに映えますが、染めればファンタジックなアレンジメントでも活躍します。

How to Make

（使用した染色液）
→ ファンタジー コバルト

- 濃い色の染色液を使用しても、淡く優しい雰囲気に仕上がる
- モカやセピアなどの中間色で染めると、より甘い雰囲気に

染色ドライ

ドライ

シルバーデイジー

Syncarpha vestita

キク科シンカルファ属
別名：妖精花
流通時期：通年（ドライ）

- ☑ ハンギング法
- ☐ シリカゲル法
- ☐ 電子レンジ法

南アフリカ原産の花で、生花で出回ることは多くありませんが、ドライフラワーとしては定番種の１つ。元がきれいな白なので、染色スプレーを用いて淡い色からビビッドな色まで、好みの色を表現できます。

How to Make

（使用した染色液）
→ プランツカラー　ブラック

- ブラックで染めると、シャープな花の形が際立ち、洗練されたおしゃれな印象に
- 茎は染めずに元々の色を生かすことで、“作り物感”を出さない
- 花の形がはっきりしているので、ハーバリウムなどのアレンジに使うと存在感抜群

染色ドライ

アスター

Callistephus chinensis

キク科エゾギク属
別名：エゾギク
流通時期：通年

- ☑ ハンギング法
- ☐ シリカゲル法
- ☐ 電子レンジ法

品種が多い菊のなかで、アスターは小ぶりな花が特徴。染まりやすさとドライの難易度、ともに初心者におすすめです。元は仏花としての印象が強いですが、染色することで洋の雰囲気をまとわせることもできます。

How to Make

（使用した染色液）
→ ファンタジー ブラック

- 花びらは多いが、乾燥しても落ちにくく扱いやすい
- 小ぶりでかわいらしい形の花に対して、ブラックのような甘くないカラーを入れて、新たな魅力を引き出すのも愉しい

中心は染まらないため、2トーンカラーのようなデザイン性の高い染め上がりになる

ドライ

染色ドライ

ネイティブフラワーにパワーをもらう

Powerful Na

近年のドライフラワー人気の火付け役でもあるネイティブフラワー。野趣に富んだ魅力をもつ花たちを、さらに色鮮やかに永く愉しむためのポイントを紹介します。ワイルドフラワーの新たな一面に出会えるかもしれません。

3

Protea niobe / Leucadendron / Anigozanthos spp. / Actinotus helianthi / Dryandora formosa / Stirlingia latifolia stead / Eucalyptus pulverulenta / Dypsis lutescens / Grevillea baileyana / Grevillea Ivanhoe

tive Flowers

プロテア

Protea niobe

ヤマモガシ科プロテア属
別名：プロティア
流通時期：通年（最盛期は10～1月）

☑ ハンギング法　☐ シリカゲル法　☐ 電子レンジ法

1輪のスケールが大きく力強い印象で、丈夫なため、ドライフラワーとしても使いやすいのが特徴です。日本で出回っているものはアフリカ産がメインで、ドライフラワーとしても流通しています。染色液を使用する場合は生花を入手しましょう。

生花

ドライ

01 Protea niobe

How to Make

（使用した染色液）
→ ファンタジー　コバルト

- 花びらのように見えるガクは、乾燥すると緑色 → 茶色になり、染色液で染まりやすい
- 染色液の色は染まりにくい花（中心部）に合わせると統一感が出る

面積の大きい外側のガクほど染まりやすい。染まりにくい中心部とのグラデーションが自然で美しい仕上がりに

リューカデンドロン

Leucadendron

ヤマモガシ科リューカデンドロン属
別名：ギンヨウジュ
流通時期：10 〜 12 月

☑ ハンギング法　☐ シリカゲル法　☐ 電子レンジ法

南アフリカ原産で、オーストラリアなどからの輸入物のほか、一部は国産のものも。ハンギング法で乾燥させると葉が広がる様子は花が開花したようにも見え、アレンジメントのアクセントとして重宝します。

生花

ドライ

02 Leucadendron

How to Make

（使用した染色液）
→ ファンタジー　ブルー

- 染色液の吸いをよくするには、鮮度の高い国産のものがおすすめ
- 青や赤などパキッとした色味がシャープな形状と相性◎

全体を均一に染めると平面的な印象になるので、あえて葉によって染まり具合にムラがあるくらいで愉しむのもよい

カンガルーポー

Anigozanthos spp.

ヘモドラム科アニゴザントス属
別名：アニゴザンサス、アニゴザントス
流通時期：通年（最盛期は10～12月）

☑ ハンギング法　□ シリカゲル法　□ 電子レンジ法

オーストラリア原産で、花の形がカンガルーの手足に似ていることがその名の由来。ハンギング法でも個性的な花の形が保たれ、ドライにも挑戦しやすい花です。花は産毛で覆われているため、染色しても優しく自然な発色をします。

生花

ドライ

03

Anigozanthos spp.

How to Make

（使用した染色液）
→ ファンタジー　ルビー

- 鮮度のよいものなら、茎までしっかり染まる
- ドライにしても色が変わりにくいので、生花本来の黄色を愉しんでも◎

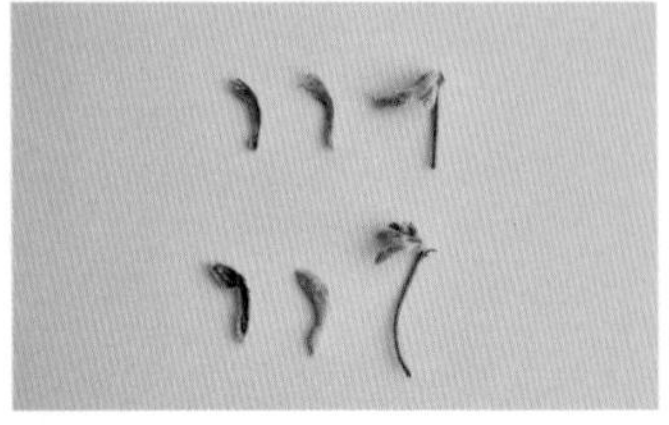

写真上はルビー、下はブルーで染色したもの。花の断面を見ると、内側はしっかり染まっているが、表面の起毛によって淡い発色になっている

フランネルフラワー

Actinotus helianthi

セリ科アクチノータス属
別名：アクチノタス
流通時期：通年（最盛期は３～４月）

☑ ハンギング法　□ シリカゲル法　□ 電子レンジ法

フランネルという名前のとおり、花だけでなく、葉や茎も起毛で覆われています。その温かい印象とは裏腹に夏の花です。ベースが白なのでどんな色にもよく染まりますが、あえて染色はせず、妖精のような透明感を愉しむのもおすすめです。

生花

ドライ

How to Make

（使用した染色液）
→ ファンタジー　ルビー

- 花が柔らかいため、開いた状態でドライにするのは難しい。ドライならではの閉じた形状を愉しむとよい
- ルビーのような濃い色味を入れると、生花より力強い印象に

同系色（写真左からモカ、ルビー、ラベンダー）で染めたものをアレンジメントに取り入れて、濃淡を愉しんでみては

ドライ

ドライアンドラ・フォルモーサ

Dryandora formosa

ヤマモガシ科ドライアンドラ属
別名：バンクシア・フォルモーサ
流通時期：11 〜 2 月

- [x] ハンギング法
- [ ] シリカゲル法
- [ ] 電子レンジ法

花も葉も個性的な形状で、アレンジの中にたった1本潜ませるだけでも、存在感たっぷり。水分をあまり含まないので、生花とドライフラワーの印象はほとんど変わりませんが、染色することで新たな魅力が開花します。

染色ドライ

How to Make

（使用した染色液）
→ ファンタジー　ブルー

- 花の部分はほぼ染まらないため、葉を何色にしたいかを基準に染色液を選ぶ
- 葉の裏側と表側で染まりやすさが異なるため、両面で違う表情を愉しめる

葉は細かなギザギザが特徴で、裏側は白い産毛で覆われたような質感。中心部には小さな花が集合して1つの大きな花のように見える

スターリンジア

Stirlingia latifolia stead

ヤマモガシ科スターリンジア属
別名：ストレンギア
流通時期：9 ～ 12 月

- [x] ハンギング法
- [ ] シリカゲル法
- [ ] 電子レンジ法

白い起毛状の愛らしい花が印象的で、クリスマスなど寒い季節のアレンジに加えると温かみのある印象となります。日本で入手できるのは主にオーストラリア産のドライフラワーです。着色して愉しむ場合は、染色スプレーを使いましょう。

How to Make

（使用した染色液）
→ プランツカラー ピンク

- スプレーは濃くなりすぎないように吹き付け、起毛のふわふわ感を残す
- 1枝に多くの花が連なるため、1本でも存在感抜群

写真左はプランツカラー・ピンク、写真右はプランツカラー・ラベンダーで染色。元が白いので、どんな色もきれいに入る

ドライ

染色ドライ

生花

ユーカリ・銀世界

Eucalyptus pulverulenta

フトモモ科ユーカリノキ属
別名：ユーカリ・プルベルレンタ
流通時期：通年

- [x] ハンギング法
- [ ] シリカゲル法
- [ ] 電子レンジ法

丸みのある愛らしい葉と、レモンのような爽やかな香りが特徴のユーカリの１種。切り花として生花でもドライでもアレンジメントに取り入れやすく、初心者の方にもおすすめの葉物です。ユーカリは品種もさまざまですが、近年では染色したものも流通しています。

How to Make

（使用した染色液）
→ ファンタジー ブラック

- 葉が密集しているので、ドライにする場合はバランスを見てほどよく間引く
- ブラックのような強い色を吸わせると、シックな印象に

染色せずに乾燥させると、品種名のとおりシルバーが際立つ

染色ドライ

アレカヤシ

Dypsis lutescens

ヤシ科クリサリドカルパス属
別名：コガネタケヤシ
流通時期：通年

- [x] ハンギング法
- [ ] シリカゲル法
- [ ] 電子レンジ法

鉢物の観葉植物としてなじみのあるヤシの仲間です。切り花にして気軽にドライを愉しむこともできます。自然の樹形を生かすだけでなく、先端を直線や三角形のように切り出して、デザイン性をもたせてもよいでしょう。

How to Make

（使用した染色液）
→ ファンタジー コバルト

- 元の葉が濃い緑色なので、染色液は濃い色味を選ぶとよい

生花

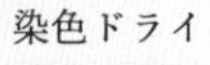

染色ドライ

グレビリア・ゴールド

Grevillea baileyana

ヤマモガシ科グレビレア属
別名：グレビレア・ベイリアナ
流通時期：通年

- [x] ハンギング法
- [ ] シリカゲル法
- [ ] 電子レンジ法

表は緑、裏はゴールドと両面で色が全く異なるのが特徴で、豪快なアレンジに役立つ葉物。乾燥させても褪色しにくいので、本来の色味を生かしてあえて染色はせず、ドライフラワーとして愉しむのがおすすめです。

How to Make

- アレンジメントに生花を使い、ドライになる過程を愉しむのもおすすめ
- 裏面のゴールドをアレンジメントのアクセントとして取り入れるのが◎
- 染色液ではほぼ染まらない

グレビリア・アイヴァンホー

Grevillea Ivanhoe

ヤマモガシ科グレビレア属
別名：グレビリア・アイバンホー
流通時期：通年

- [x] ハンギング法
- [ ] シリカゲル法
- [ ] 電子レンジ法

グレビリアの仲間は葉の形状が多様で、アイバンホーは鋸のようなギザギザが特徴です。ほかのワイルドフラワーや葉物と組み合わせると、スタイリッシュな葉の形状が際立ちます。乾燥させるとシルバーのような色味になり、生花とガラッと印象が変わります。

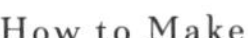

How to Make

- ギザギザの葉とシルバーの相性がよいので、あえて染色せずに愉しむのもおすすめ
- 染色液ではほぼ染まらない

生花

ドライ

五感で愉しむ 南仏の花

Enchanting Southern

お花好きなら、「南仏」と聞いただけで心が躍ってしまうもの。ここでは南仏で愛される色鮮やかな花を集めました。五感を刺激してくれるような香り高い花が多いのも特徴です。染色の技術を通してより表情豊かに生まれ変わった花に出会えば、南仏の虜になることでしょう。

Flowers of France

4

Viola × wittrockiana/Helleborus niger
Tulipa gesneriana/Anemone coronaria
Muscari neglectum/Tulipa polychroma
Chamelaucium uncinatum/Eryngium
Acacia dealbata/Acacia podalyriifolia
Acacia baileyana/Cynara scolymus
Cotinus coggygria/Helianthus annuus

パンジー

Viola × wittrockiana

スミレ科スミレ属
別名：サンシキスミレ、ジンメンソウ
流通時期：12 ～ 4 月

□ ハンギング法　▨ シリカゲル法　▨ 電子レンジ法

ガーデニングの定番品種のひとつ。染色ドライフラワーにすれば、愉しみ方の幅がさらに広がります。色のバリエーションもさまざまですが、染色するなら白いものがおすすめです。シリカゲル法か電子レンジ法で花びらの形を保って乾燥させるのがポイントです。

生花

ドライ

How to Make

(使用した染色液)
→ ファンタジー　モカ

- 白がベースの品種なら、染色液の濃淡で表情豊かに
- 紫や黄色など、元々色がついている場合は、あえて反対色の染色液を選ぶと、思いがけない色合いが生まれることも

シリカゲル法なら葉もきれいに残せる (写真左)。厚みが圧縮される電子レンジ法なら、絵手紙などのアレンジで愉しむことができる

クリスマスローズ

Helleborus niger

キンポウゲ科クリスマスローズ属
別名：ヘレボルス、レンテンローズ
流通時期：11～5月

□ ハンギング法　▨ シリカゲル法　□ 電子レンジ法

シリカゲル法で花の形を保ちながら乾燥させれば、生花のときの風合いをほぼそのままに愉しむことができます。葉の緑もきれいに残るので染色なしでも楽しめますが、染色液でよく染まるので、アレンジメントに合わせて狙った色味を表現できます。

生花

ドライ

02 Helleborus niger

How to Make

（使用した染色液）
→ ファンタジー　セピア

- 程よいタイミングで染色液から引き上げれば、葉脈のような美しいグラデーションが生まれる

写真左はシリカゲル法、右はハンギング法で乾燥させたもの。ハンギング法では、特徴的な５枚の伸びやかな花弁がわからなくなってしまう

チューリップ

Tulipa gesneriana

ユリ科チューリップ属
別名：ウッコンソウ、ボタンユリ
流通時期：12～3月

☒ ハンギング法　☐ シリカゲル法　☐ 電子レンジ法

花の形状から色まで、品種改良が盛んな人気者。水分を好むので、染色液にもよく染まり、愉しみ方は無限大です。たとえばかわいらしい印象の淡いピンク色のチューリップに、ブラックなどの渋い色味をかけ合わせると、ガラッと印象が変わります。

生花

ドライ

How to Make

（使用した染色液）
→ ファンタジー　セピア

- 染色ならではの風合いを愉しむなら、淡い色味の品種を選ぶ
- 染色液を吸わせてからドライフラワーにすることで、普通に乾燥させるより強度が増し長持ちしやすい

乾燥させても花びらの内側のおしべはしっかり残るので、花粉が落ちるのが気になる場合は乾燥させる前に摘んでしまうのも一手

アネモネ

Anemone coronaria

キンポウゲ科イチリンソウ属
別名：ウィンドフラワー、ハナイチゲ、ボタンイチゲ
流通時期：11～4月

□ ハンギング法　▨ シリカゲル法　▨ 電子レンジ法

ギリシャ語で「風」を意味するその名の通り、薄く繊細な花びらが美しい花です。その花びらを損なわないよう、シリカゲル法で乾燥させましょう。八重咲タイプなど品種も豊富ですが、染色で愉しむなら花びらの大きいシンプルな形状の品種がおすすめです。

生花

ドライ

How to Make

（使用した染色液）
→ ファンタジー　セピア

- 鮮度が高いうちにシリカゲル法で乾燥させることで、花びらの破損を最小限に
- 中心部が紫など濃い色味の場合は、淡い色味で染めると花びらと美しいコントラストになる

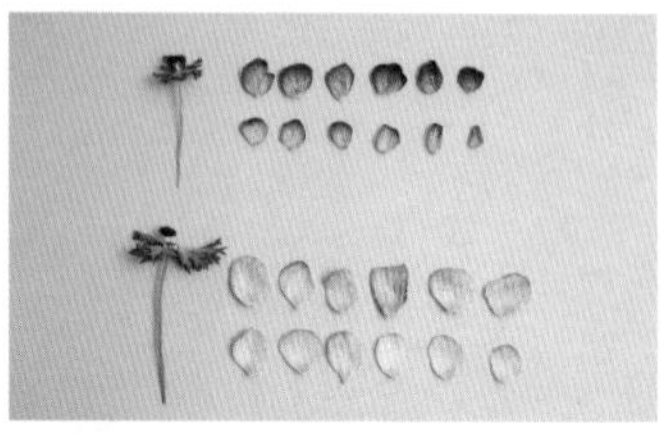

染色液をよく吸うので、花びらがグラデーション状に染まるくらいのタイミングで引き上げると、繊細な花の雰囲気とマッチする

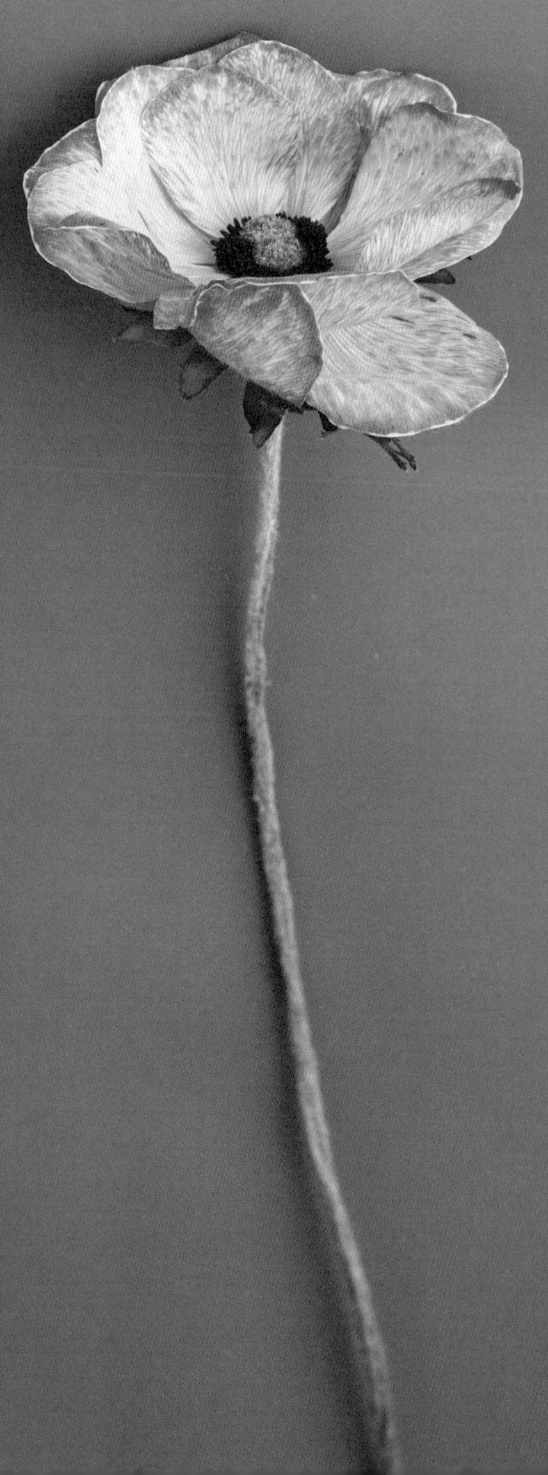

ムスカリ

Muscari neglectum

キジカクシ科ムスカリ属
別名：グレープヒアシンス、ブドウヒアシンス
流通時期：12 ～ 3 月

☒ ハンギング法　☐ シリカゲル法　☐ 電子レンジ法

ブドウの房のような愛らしい花が印象的です。染まりやすいのは、葉や球根の部分。切り花の状態でも出回っていますが、染色で愉しむなら2～3月に入手しやすい球根付きがおすすめです。花が白や淡いピンクの品種もあります。

生花

ドライ

05 Muscari neglectum

How to Make

（使用した染色液）
→ ファンタジー ブラック

- 球根付きは水分を完全に抜くことが難しいので、球根や根の形を生かしながらガーランドなどのアレンジで愉しむのがおすすめ
- 染色しない場合は、葉が黄色く枯れたような印象に。濃い色で染め、シックな雰囲気で愉しんで

球根の表面や葉、茎に染色液が行きわたっているが、球根の断面を見ると、小さな芯のように見える発芽前の球根は染まっていない

原種系チューリップ

Tulipa polychroma

ユリ科チューリップ属
別名：ワイルドチューリップ、ミニチューリップ
流通時期：１～３月

☑ ハンギング法　☐ シリカゲル法　☐ 電子レンジ法

主に球根付きで出回る原種系チューリップは、かわいらしい手のひらサイズで、チューリップのルーツであるユリに近い、繊細な咲き方のものが多いのが特徴です。球根から染色液を吸わせれば、茎や葉もよく染まり、小さいながら抜群の存在感に。

生花

ドライ

How to Make

（使用した染色液）
→ ファンタジー ラベンダー、モカ

- 水分量が多いので十分な乾燥時間を見込んでおく
- 球根からよく吸水するので、葉や茎、ガクまで色が入りやすい
- 寒色系ならばシックな印象に、暖色系だと柔らかい印象に

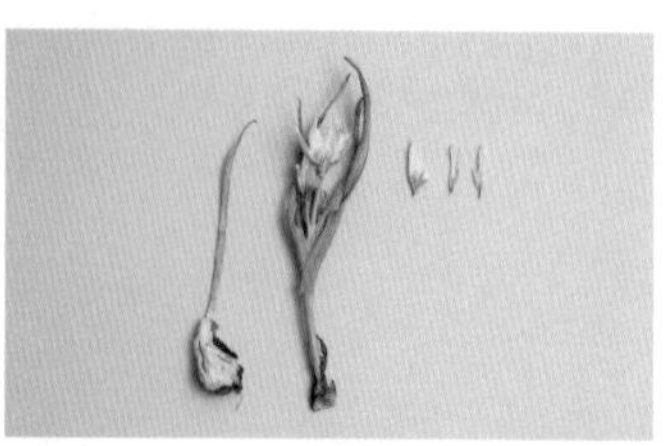

原種系チューリップは中心部の色が青や黄色のものなどがある。中心部の色はきれいに残るので、染色液は中心部の色との相性から決めてもよい

ワックスフラワー

Chamelaucium uncinatum

フトモモ科チャメラウキウム属
別名：カメラウキウム
流通時期：４～６月

☑ ハンギング法　☐ シリカゲル法　☐ 電子レンジ法

花がワックスのような光沢をもつことが名前の由来で、柑橘のようなさわやかな香りがします。原産はオーストラリアですが、フランスをはじめヨーロッパで人気の花です。花やつぼみは染まりやすく、染色することで愛らしい小花の存在感がアップします。

生花

ドライ

How to Make

（使用した染色液）
→ ファンタジー ブルー

- ワックスフラワーのように円錐花序という咲き方の場合は、茎が傷つくと染色液を吸いにくくなるので要注意
- かっこいい印象にしたい場合はブルーやブラック、小花の繊細さを強調したい場合はモカなどのくすみカラーに

茎の一部が傷つくとその先の吸い上げが悪くなり、一部の花やつぼみが染まらないことも（写真左）

エリンジウム

Eryngium

セリ科 エリンギウム属
別名：エリンジューム、ヒゴタイサイコ
流通時期：６～８月

☑ ハンギング法　□ シリカゲル法　□ 電子レンジ法

ドライフラワーで愉しまれる人気品種です。トゲトゲしい花の形状と勢いのあるエッジの効いた咲き方が特徴で、アレンジメントに加えれば、ほかの花のかわいらしさを引き立ててくれる名脇役です。染色によってその持ち味を最大限に引き出しましょう。

生花

ドライ

How to Make

（使用した染色液）
→ ファンタジー ルビー

- 花だけでなく葉やガクまで均一に染まるため、シャープな形状がより際立つ
- 自然界ではスモーキーな青系やシルバーなので、あえて濃い色味を選ぶ

苺のような「そう果」と呼ばれる花の形状。水分の行きわたった表面はよく染まるが、断面を見ると中までは染まっていない

フサアカシア

Acacia dealbata

マメ科アカシア属
別名：ミモザ
流通時期：１〜３月（最盛期は２月）

☑ ハンギング法　☐ シリカゲル法　☐ 電子レンジ法

フランス語の「ミモザ」という名でよく知られています。唯一無二のふわふわの黄色い花とユリやジャスミンを思わせる香りで愛されています。ドライフラワーにしても特徴的な黄色は残りますが、染色液であえて寒色系にチャレンジしてみました。

生花

ドライ

How to Make

（使用した染色液）
→ ファンタジー　コバルト

- 乾燥するまでに時間がかかると、花が茶色くなってしまうので、ときどきほぐしながら素早く乾燥させると◎
- 青系の染料を入れると緑系の発色というように、染色液の色と花の黄色が混ざったような発色になる

アカシア・ポダリリーフォリア

Acacia podalyriifolia

マメ科アカシア属
別名；シンジュバアカシア、パールアカシア
流通時期：12～1月

☑ ハンギング法　☐ シリカゲル法　☐ 電子レンジ法

起毛のようなシルバーの丸みある葉っぱが特徴のミモザの一種。フサアカシアなどの葉が羽状の品種よりかわいらしく、柔らかい印象です。葉もよく染まるので、染色で愉しむのにもおすすめの品種です。

生花

ドライ

10 Acacia podalyriifolia

How to Make

(使用した染色液)
→ ファンタジー　コバルト

- 葉にもきれいに色を入れるには、新鮮なうちに染色液を吸わせる
- ピンクや赤などの暖色系なら、コントラストが愉しめる

完全に開花する前の花（写真中）と大きく開花した花（写真右）では染色液の入り方が異なる

ドライ

ギンヨウアカシア

Acacia baileyana

マメ科アカシア属
別名：ミモザ、ハナアカシア
流通時期：１～３月（最盛期は２月）

- [x] ハンギング法
- [ ] シリカゲル法
- [ ] 電子レンジ法

フサアカシアと並ぶミモザの代表種で、日本では庭のシンボルツリーとしても人気です。ドライにすると名前の由来でもあるシルバーの葉がアクセントになります。染色せずに、黄色い花とシルバーの葉っぱのコントラストを愉しむのがおすすめです。

How to Make

- 新鮮なうちにドライフラワーにすることで、褪色を最小限に抑える
- １本ずつ丁寧に吊るして風通しを確保し、茶色くなるのを防ぐ

ギンヨウアカシアをファンタジー・コバルトで染色。鮮度が低い状態だと、写真右のように花に色が入りにくく、中途半端な印象になってしまうので染色しないで愉しむのがおすすめ

アーティチョーク

Cynara scolymus

キク科チョウセンアザミ属
別名：チョウセンアザミ
流通時期：５～７月

- [x] ハンギング法
- [ ] シリカゲル法
- [ ] 電子レンジ法

開花時には頭花が直径15cmほどにもなる大型のアザミの仲間で、若いつぼみは食用としてヨーロッパではポピュラーな存在。アレンジに取り入れればひと際目立つ存在感を発揮します。吸い上げよりもスプレータイプでの染色に向きます。

（使用した染色液）
→ プランツカラー　レッド

- 日本ではドライフラワーの状態で出回ることが多いので、吸い上げ法には適さない
- 中心部のみを染色することで、メリハリのある印象に

断面を見ると、綿毛のような冠毛が無数に集合している構造がよくわかる。冠毛の先に筒状の花やおしべが伸びる

ドライ

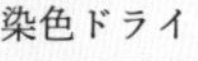

ドライ

染色ドライ

スモークツリー

Cotinus coggygria

ウルシ科ハグマノキ属
別名：カスミノキ、ケムリノキ、ハグマノキ
流通時期：５〜８月

- [x] ハンギング法
- [ ] シリカゲル法
- [ ] 電子レンジ法

街中でも見かけることの多い低木で、初夏になると綿毛のような花柄をつける。花のように見えますが、小花が咲いた後、種を飛ばすために雌木の軸が変形したものです。染色すれば、ドライフラワーにしても新鮮な印象をキープできます。

How to Make

（使用した染色液）
→ ファンタジー　ルビー
→ プランツカラー　ピンク

- 染色せずに乾燥させると、色褪せたような印象になりやすい
- 自然界でも見られるルビー系で染めることで、ドライフラワーにしたときの褪色を防ぐ

ヒマワリ

Helianthus annuus

キク科ヒマワリ属
別名：サンフラワー、ニチリンソウ
流通時期：通年（最盛期は６～８月）

- □ ハンギング法
- ☑ シリカゲル法
- □ 電子レンジ法

夏の代表的な花ですが、ドライフラワーとしてはあまり浸透していません。花びらが落ちやすいので、中心部分だけ残してアレンジメントに使われることもあります。今回はシリカゲル法で花本来の形を残す試みをしました。

How to Make

（使用した染色液）
→ ファンタジー　ロイヤルブルー

- 寒色やブラックを入れ、花の輪郭を強調してシャープな印象に
- 乾燥後も花びらが落ちやすいので、湿気の多い場所に飾るのには適さない

花の本来の色が濃いので、染色しなくても存在感◎。その存在感を生かして瓶詰めのアレンジなどにおすすめ

生花

染色ドライ

5

Phalaenopsis aphrodite/Cymbidium sp.
Gerbera Jamesonii/Dahlia pinnata/Papaver rhoeas
Clematis florida/Zantedeschia aethiopica/Silene vulgaris
Sandersonia aurantiaca
Kalanchoe blossfeldiana
Anthurium andraeanum/Astrantia major

How to Dry Delicate

ここでは、今までドライフラワーの常識にはなかった花に挑戦しています。難易度は高いものの、生花かと目を疑うような繊細な仕上がりに、花の儚い美しさを存分に味わうことができます。

Out More Flowers

繊細な花に新しい命を吹き込む

コチョウラン

Phalaenopsis aphrodite

ラン科コチョウラン属
別名：ファレノプシス
流通時期：通年

□ ハンギング法　☑ シリカゲル法　□ 電子レンジ法

肉厚な花びらは染色に時間がかかることもあるので、様子を見ながら染色液を吸わせる時間を調整しましょう。定番の白に染色液をしっかり吸わせて濃い色を楽しんだり、短時間で引き上げて透明感を引き立てたり、お好みで。

生花

ドライ

How to Make

（使用した染色液）
→ ファンタジー　モカ

- 繊細で傷つきやすい花びらの形を保ってドライフラワーにするには、シリカゲル法の一択
- 白いコチョウランの透明感を生かすなら、淡いカラーを選ぶ

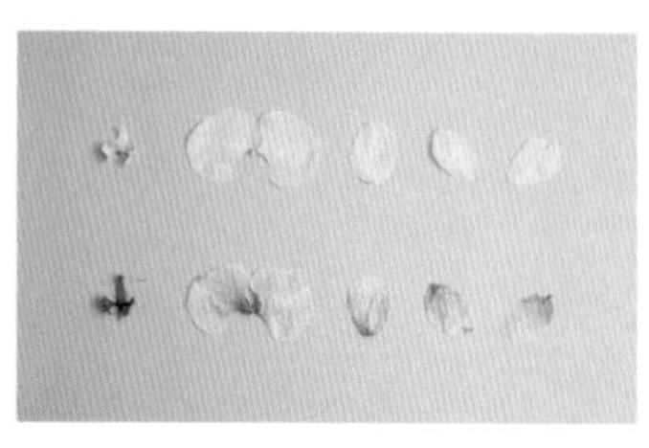

コチョウランは、写真左から、リップ、ペタル（2枚）、ドーサルセパル、ロアーセパル（2枚）で構成されるのが特徴

シンビジウム

Cymbidium sp.

ラン科シンビジウム属
別名：シンビジューム
流通時期：通年（最盛期は 12 ～ 3月）

□ ハンギング法　▨ シリカゲル法　□ 電子レンジ法

切花としても流通するランの仲間で、アジアで人気の品種です。寒い時期でも楽しめる花のひとつです。肉厚で水分が多いためハンギング法には向きませんが、染色液との相性は◎。濃い色もしっかり入ります。

生花

ドライ

02 Cymbidium sp.

How to Make

（使用した染色液）
→ ファンタジー　ブルー

- 白い花でもシリカゲル法で乾燥させると、クリーム色のようなこっくりとした色味になる
- 茎ごと乾燥させれば、鈴なりのような花を楽しめる

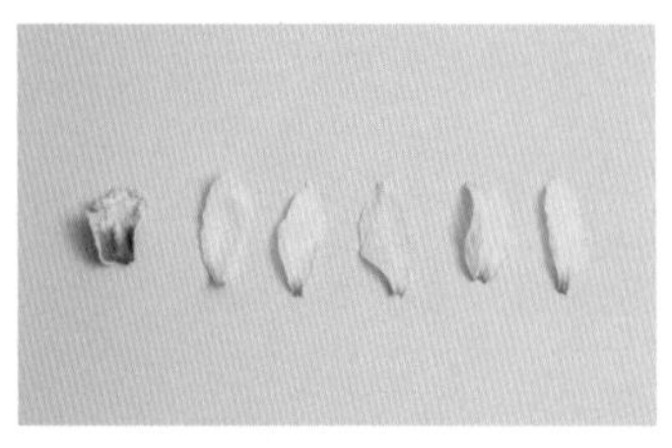

コチョウランと見た目は大きく異なるが、写真左からリップ、ペタル（２枚）、ドーサルセパル、ロアーセパル（２枚）と同じ構成

ガーベラ

Gerbera Jamesonii

キク科ガーベラ属
別名：アフリカセンボンヤリ、ハナグルマ
流通時期：通年（最盛期は4月）

□ ハンギング法　▨ シリカゲル法　▨ 電子レンジ法

とてもポピュラーで親しみのある花ですが、花びらが多く茎にも水分を多く含むため、ドライフラワーで楽しむには上級者向け。染色液を吸わせてからシリカゲル法で乾燥させれば、色味の幅が広がるだけでなく、自然に乾燥させるより花びらが落ちにくくなります。

生花

ドライ

How to Make

（使用した染色液）
→ ファンタジー　セピア、ブラック、ラベンダー

- 中心部の色味（黒または白）に合わせて染色液の色味を選ぶ
- 先の尖ったスパイダー咲きは、シャープな印象を生かして、て、甘い印象になりにくいはっきりとした色味がおすすめ

花びらにはグラデーション状に色味が入る。ガーベラは花びらの形状が多様だが、この種は花弁が3枚1組になっている

ダリア

Dahlia pinnata

キク科ダリア属
別名：テンジクボタン
流通時期：通年

□ ハンギング法　☒ シリカゲル法　□ 電子レンジ法

花の大きさや花弁の形のバリエーションが豊富なダリアは、存在感たっぷりでアレンジメントの主役になります。ただ、水分が多く花弁の枚数も多いため、ドライにする難易度が高い花のひとつ。花びらが崩れやすい離弁花なので、シリカゲル法が適しています。

生花

ドライ

How to Make

（使用した染色液）
→ ファンタジー　パープル

- 水の吸い上げがよく染色液の色が出やすいので、染まりすぎに注意
- 花びらが密集している中心部は、筆を使ってシリカゲルを丁寧に落とす

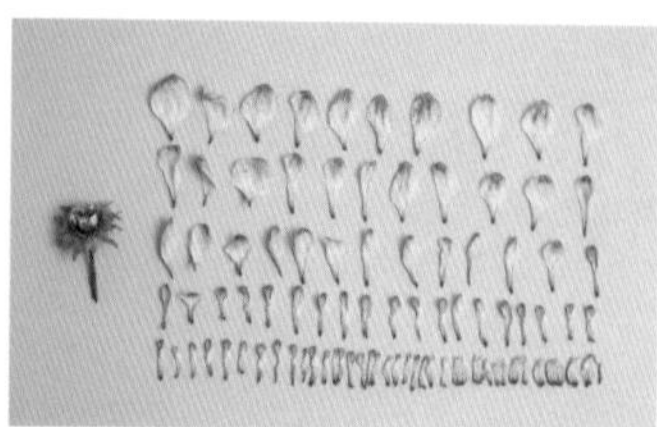

中心部の小さな花びらも染色液をよく吸い上げている。大きな花床（写真左）で花びらをまとめているが、外側ほど落ちやすいので扱いに注意

ポピー

Papaver rhoeas

ケシ科ケシ属
別名：ヒナゲシ、グビジンソウ
流通時期：12 〜 4 月（最盛期は 3 月）

□ ハンギング法　▨ シリカゲル法　□ 電子レンジ法

花びらが透けそうなほど薄く、少ない枚数で構成されるポピーは、繊細でありながら素朴な魅力のある花。花びらが筋状に水を吸い上げるため、染色すると縞模様のようなニュアンスが生まれます。赤などの暖色系にブラックを入れるとシックでおしゃれな雰囲気に。

生花

ドライ

How to Make

（使用した染色液）
→ ファンタジー　ブラック

- シリカゲルの重みでも花びらが潰れやすいので、花びらの下から慎重に埋めていく
- 茎も細く繊細。シリカゲルに無理なく埋められる容器を使う

おしべの先端の黄色いヤク（花粉）は染まらず、アクセントになっている。一方、ヤクにつながる花糸は細いながらもしっかり染まっている

クレマチス

Clematis florida

キンポウゲ科 センニンソウ属
別名：テッセン、カザグルマ
流通時期：3〜11月（最盛期は4〜6月）

□ ハンギング法　☒ シリカゲル法　□ 電子レンジ法

花びらの形状や色味のバリエーションが豊富なツル性の植物です。特徴的な花の形を保つには、シリカゲル法で乾燥させるのがおすすめ。濃い色味の品種はドライにする際に、染色して色を補ってあげると、色持ちがよくきれいに保存できます。

生花

ドライ

06 Clematis florida

How to Make

（使用した染色液）
→ ファンタジー　ブルー

- 生花の色味に近い色を吸わせれば、褪色を防げる
- 葉にも色が入るため、濃い色味を入れるとシックな印象に

つぼみ（写真中央）も外側はしっかり染まるが、断面（写真右）を見ると中身までは染まっていない

カラー

Zantedeschia aethiopica

サトイモ科オランダカイウ属
別名：オランダカイウ
流通時期：通年（最盛期は3～4月）

□ ハンギング法　▨ シリカゲル法　□ 電子レンジ法

くるッとひと巻きしたような漏斗状が特徴のカラーは、シリカゲル法で丁寧に乾燥させることで、フリルのような巻きが強く表れます。シンプルな色・形状ですが、染色して遊び要素を加えると新たな魅力に出会えます。

生花

ドライ

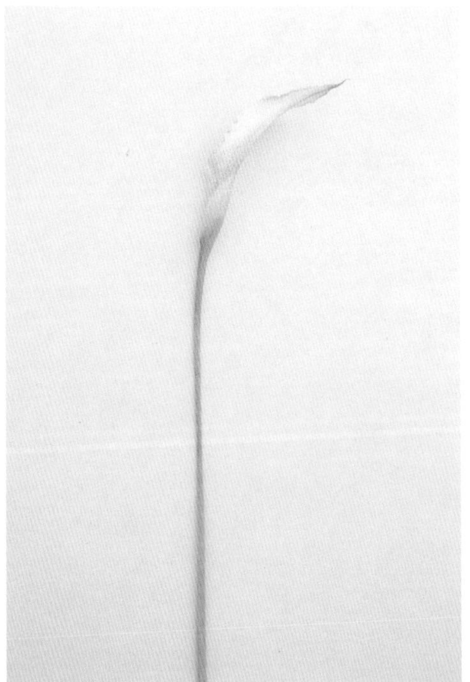

How to Make

（使用した染色液）
→ ファンタジー　ブルー

- 赤や黄色もあるが、染色液のニュアンスを活かすなら白いものがおすすめ

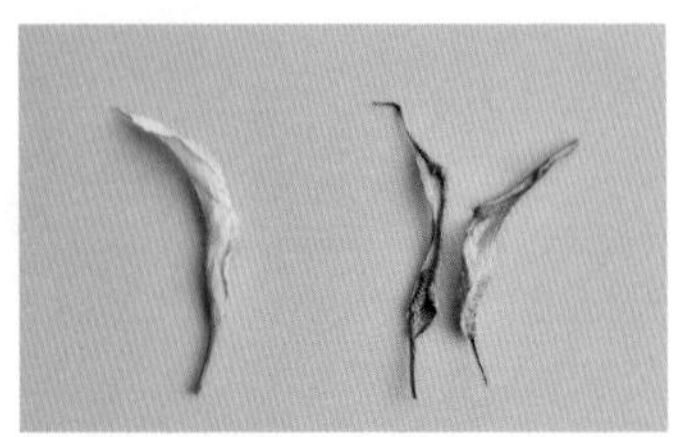

一見花びらのように見える漏斗状の部分は「仏炎苞」という葉が変化したもの。これに包まれた棒状の部分が花。染まりやすいのは仏炎苞の部分

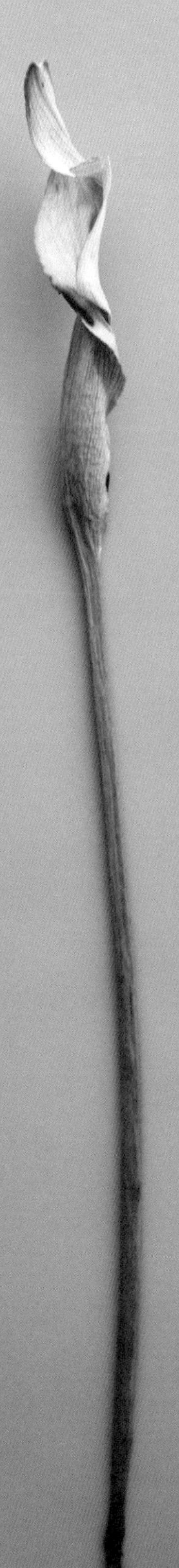

グリーンベル

Silene vulgaris

ナデシコ科シレネ属
別名：シレネブルガリス、フウリンカ
流通時期：３～７月

☑ ハンギング法　☐ シリカゲル法　☐ 電子レンジ法

その名の通り、ベル状のかわいらしい花が特徴。ハンギング法で乾燥させてもベル状が保たれるので、ドライで愉しむのもおすすめです。染色せずにナチュラルなかわいさを愛でてもよし、しっかり染めて存在感をアップさせるのも一興です。

生花

ドライ

08 Silene vulgaris

How to Make

（使用した染色液）
→ ファンタジー　ブルー、セピア

- 鮮度が落ちると色の入りが悪くなるので、鮮度がよいうちに吸わせる
- 均等に染まるので、濃い色をしっかり入れるのがおすすめ

ベルのように見えるのはガクで、その中に５枚の小さな花びらから成る白い花が咲く。花が枯れてもベル状のガクを愉しめる

サンダーソニア

Sandersonia aurantiaca

ユリ科サンダーソニア属
別名：クリスマス・ベル、チャイニーズランタン、チョウチンユリ
流通時期：６～８月

☑ ハンギング法　☐ シリカゲル法　☐ 電子レンジ法

ランタンのような形がかわいらしい花です。花の連なる向きは上下反転しますが、ハンギング法でも膨らみを保ったまま乾燥させることができます。ツヤのあるオレンジ色が特徴ですが、染色によって自然界にない色を愉しんでみましょう。

生花

ドライ

09

Sandersonia aurantiaca

How to Make

（使用した染色液）
→ ファンタジー　レッド

- 濃い色味を吸わせれば、花だけでなく葉っぱもしっかり染まり、生花とはガラッと印象が変わる

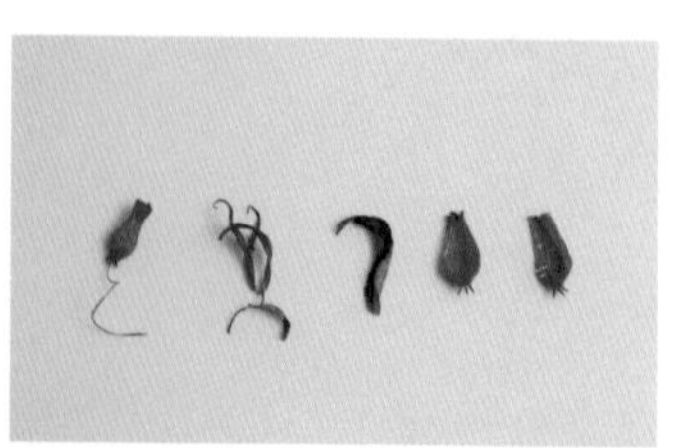

花びらを分解してみると、どの部分も均等にしっかり染まっていることがわかる。染色に向く花のひとつ

カランコエ

Kalanchoe blossfeldiana

ベンケイソウ科カランコエ属
別名：ベニベンケイ
流通時期：12 ～ 2 月

☑ ハンギング法　☐ シリカゲル法　☐ 電子レンジ法

ベル型が集合したような、デザイン性の高い花です。個性的な花にチャレンジしたいときにおすすめです。ハンギング法でドライフラワーにすることも可能ですが、水分が多いため、1カ月程度は時間を見込んでおきましょう。

生花

ドライ

How to Make

（使用した染色液）
→ ファンタジー　セピア

- 生花のときとは花の向きが上下反転し、印象が変わる
- 乾燥させるとベル状の部分が割れやすいので、取り扱いに注意
- 染色しない場合は、ほぼ無色の寂しい印象になってしまうため、優しい暖色系で温かみをプラス

生花

染色ドライ

アンスリウム

Anthurium andraeanum

サトイモ科アンスリウム属
別名：オオベニウチワ、アンスリューム
流通時期：通年（最盛期は7～8月）

- [ ] ハンギング法
- [x] シリカゲル法
- [ ] 電子レンジ法

カラーと同じくサトイモ科の一種で、花が密集した棒状の肉穂花序とそれを取り囲む仏炎苞（葉が変形したもの）から成る特徴的な花です。シリカゲル法なら仏炎苞の形を保つことができますが、生花のときの色味は失われ、ガラッと印象が変わります。

How to Make

（使用した染色液）
→ ファンタジー　パープル

- 仏炎苞は乾燥させると茶色くなるので、あえてラスティックな雰囲気を楽しむ
- 肉穂花序はよく色を吸うが面積が狭いので、濃いめの色味がおすすめ

仏炎苞は染まりにくいが、一部に色が入ると味わい深いまだら模様になることも。コントロールは難しいが、偶然生まれるニュアンスを愉しみたい

アストランチア

Astrantia major

セリ科アストランチア属
別名：アステランティア
流通時期：５～９月

- [x] ハンギング法
- [ ] シリカゲル法
- [ ] 電子レンジ法

野花のようなナチュラルな風合いが魅力。白や淡いピンク色の生花をドライフラワーにして、野趣を愉しむのがおすすめ。アレンジメントで個性を際立たせたい場合は、染色にチャレンジしてみてもよいでしょう。

How to Make

- ドライにすることで細い茎の強度が増す
- 染色する場合は、フレッシュなうちに切り戻しを行い、早くて30分～1時間程度で染まる。染めるときは元の白緑色を生かして、青みがかった色で染めるのがおすすめ。

生花

ドライ

暮らしの中でもっとドライフラワーを愉しむ

Dyed Drie Arrangem

染色ドライフラワーの味わいを引き出す、さまざまなアレンジを考えました。ここで紹介するレシピをヒントに自分なりの愉しみ方を見つけて、ドライフラワーの奥深さを味わってみてください。それでは、ドライフラワー×アンティークの創造の世界へご案内します。

Book of Dyed Dried Flowers

— Haruka Kawashima

6

Dried Flowers And Glass Base
Dried Flower Specimen Box
Rubber Boots Flowers
Gorgeous Flower Mirror
Flower Chair
Dried Flower Earrings

d Flowers
ent Ideas

1

ドライフラワーと相性抜群のガラスベース

Dried Flowers And Glass Base

ドライフラワー本来の質感を生かしながらも、
高級感をもたらしてくれるガラスの器との組み合わせの提案です。
染色することでシックな雰囲気に華やかさがプラスされます。
お好みの組み合わせを探すのも愉しみの１つです。

Material

（ 用意するもの ）

- 試験管、試験管風フラワーベース
- パスタケース（ガラス）
- 花切りバサミ

（ おすすめの花 ）

- スイートピー
- アスター
- バラ

Process

1 アレンジに使いたいガラスベースの長さに合わせて花をカット。一輪挿しの場合、花瓶と花の長さは１：２が目安。

2 細いガラスベースの場合は、花びらが押しつぶされてしまうので、ガラスケースに被る部分の花を摘む。

3 パスタケースなど蓋のある筒状の器の場合は、蓋が閉まる長さに花をカット。好みでラベルシールを貼れば、標本のような雰囲気に。

4 １つの器に２本以上生ける場合は、花の重なり方などを確認しながらバランスを整える。

2

花の形を愛でるドライフラワー標本箱

Dried Flower Specimen Box

繊細な花びらが美しい花々を染めて、
長く愉しむなら、標本箱に展示する方法がおすすめです。
ちょっとした風で崩れてしまいそうなアレンジ向きでない花たちも、
この箱の中なら一段と輝き、どれも主役として展示できます。

Material

(用意するもの)

・標本箱
・ピンセット
・虫ピン
・紙
・ボールペン

(おすすめの花)

・コチョウラン
・アネモネ
・ポピー
・クリスマスローズ
・ガーベラ
・クレマチス

Process

1 染色したドライフラワーの茎の部分を切り落とし、標本箱の中に並べてバランスを見ながら位置を決める。

2 虫ピンを指して固定する。コチョウランやポピーなど花びらが大きなものは花びらに、ガーベラなど花びらが細かいものは中心部に指す。

3 花の名前ラベルを作る。古紙やクラフト紙を手でちぎり、筆記体で記入するとアンティークのような雰囲気になる。

4 名前ラベルをそれぞれの花の下部にテープや虫ピンなどで固定する。標本箱は平置きのほか、立てかけても素敵に飾れる。

3

家族の思い出ラバーブーツフラワー

Rubber Boots Flowers

お子さんが小さなときに履いていた長靴に愛着があり、
なかなか捨てられない──。そんな経験はありませんか。
履かなくなった長靴にドライフラワーを生ければ、
家族の特別な思い出が色鮮やかによみがえります。

撮影協力：AIGLE

Material

（用意するもの）

・子ども用ラバーブーツ
・花切りバサミ
・輪ゴム

（おすすめの花）

・エニシダ
・バラ
・スイートピー
・ダスティミラー

Process

1 ミニブーケに使う花を選定する。葉の形がわかりやすいものと、メインになる花、小花、縦のラインが綺麗な花を揃えると、バランスよく仕上がる。

2 長いものは長靴と花の長さはおよそ１：２の比率になるように剪定する。根元は長靴に隠れるので、短い花も一緒に見えるように束ねるのが◎。

3 花を一方向に輪ゴムで束ねる。生けたときの見え方を意識して配置を決めていく。染色のトーンをそろえれば、シックな雰囲気に。

4 バラなどメインになる大ぶりの花を決める。メインの花を手前にもってくると、見栄えがよい。

5 １本の茎に輪ゴムをかけ、巻き付けるようにくくる。輪ゴムを何周も巻くときは、幅を取らずに、１ヶ所にまとめるようにすると美しく仕上がる。

6 長靴に入れる際、バランスよく自立するよう、茎の先端を平らにカットする。

華やかフラワーミラー

Gorgeous Flower Mirror

鏡をドライフラワーで彩り、生花の一輪挿しとしての機能をプラス。
毎日鏡を覗くのが愉しみになるようなアイテムです。

Material

（ 用意するもの ）

・鏡　・ボタン　・好みの実物
・リボン　・グルーガン用接着剤　・花用の硬化剤
・毛糸　・クジャクの羽根

（ おすすめの花 ）

・ユーカリ　・スターチス　・スモークツリー
・スイートピー　・バラ　・ブルーファンタジー
・デルフィニウム

Process

1 鏡の縁にドライフラワーを仮置きし、配置を検討する。小花や大ぶりの花、葉物、実物などを取り混ぜるとバランスが◎。

2 花の配置が決まったら、花の根本部分にベースとなる毛糸をグルーガンで接着する。毛糸に差し込むように大きな実物や花から接着していく。

3 ボタンやクジャクの羽根などお好みのアンティークパーツや、スモークツリーなどのばらして使う細かい花を接着する。

4 生花も飾れるようにしたい場合は、小さな一輪挿しを縁に接着し、リボンなどで装飾する。仕上げに、花の部分に硬化スプレーを吹きかけ補強する。

5

おもてなしのフラワーチェア

Flower Chair

パーティーやちょっとした記念日を、
ひと手間を加えたフラワーチェアで華やかに演出してみませんか？
思い出の品を飾るイーゼルのように使うのも◎。

Material

（用意するもの）

・吸水スポンジ
・チキンネット
・花切りバサミ
・金切りバサミ
・ナイフ（カッター）
・結束バンド
・U字ピン
・ダイニングチェア
（背板に隙間のあるタイプ）

（おすすめの花）

・ミモザ
・ユーカリ
・バラ
・デルフィニウム
・スターチス
・グリーンモス

Process

1 花のベースとなるオアシスを、完成イメージの3分の1程のサイズにカットする。花の量や椅子のサイズに合わせて適宜調整する。

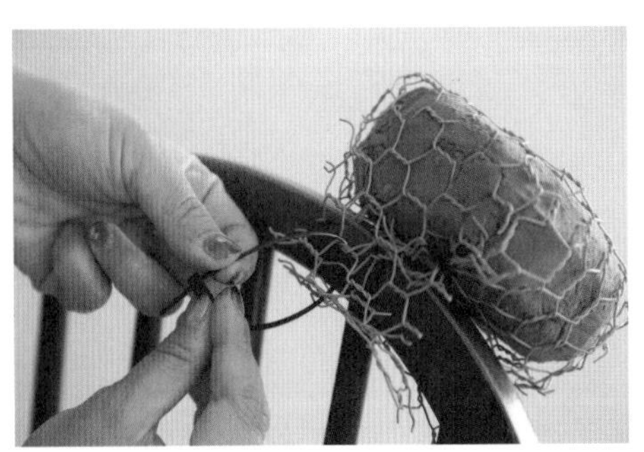

2 オアシスに十字に切ったチキンネットを巻き付けひとくくりしたら、結束バンドで椅子の背に固定する。

3 オアシスが隠れるようにUピンでグリーンモスを固定する。Uピンの数が多すぎると花を挿すスペースがなくなるので、注意。

4 バラなど枝が長くアクセントになる花は等間隔になるように配置。その他の花材は、どの角度から見ても立体的に見えるように四方八方に向けて差していく。

5 オアシスやチキンネットが見えている部分がないか確認し、見えそうな部分があれば、短い花や葉物を挿して隠す。

6 最後にバランスを見ながらスターチスなどの小花を追加し、少し離れたところから全体がきれいな円形になっているかぐるりと確認する。あえて円形ではなく、好みのシルエットに仕上げても◎。

6

不揃いドライフラワーのイヤリング

Dried Flower Earrings

ドライフラワーを扱うとき、ポロポロと落ちてしまうことがあります。
ドライならではの儚さでもあり、かわいさでもあります。
そんなお花も何かに生かせないかと
かき集めたときに思いついたデザインです。

Material

（用意するもの）

・シャワー台付きイヤリング（ピアス）
・グルーガン
・グルーガン用接着剤
・花切りバサミ
・ピンセット
・平ヤットコ
・丸ヤットコ

（おすすめの花）

・スプレーバラ
・カスミソウ
・アンモビウム
・スターチス

Process

1 スプレーバラなど花びらが大きなもの、アンモビウムなど小ぶりながら存在感のあるもの、小花を組み合わせるのがおすすめ。スプレーバラは花びらを１枚ずつバラす※1。

2 シャワー台とイヤリング用金具を２種類のヤットコで固定する※2。のシャワー台にグルーを乗せ、素早く花びらを１～２枚接着する。

3 カスミソウなどの小花は１～２cm程度の長さに剪定する。根本にグルーをつけ、シャワー台の穴部分に挿していく。

4 メインになるアンモビウムの根本にグルーをつけ、シャワー台に固定。メインの花の茎は5mm前後と短くすれば、花が飛び出しにくく、破損防止にも。

5 メインの花の配置が決まったら、全体のバランスを見ながらカスミソウなどの小花を追加する。シルバーに塗装されたカスミソウなどもアクセントとして◎。

6 シャワー台の裏面のグルーが見えないように、外側にボリュームのあるスターチスや葉物を挿して仕上げる。

※1 ドライフラワーにする過程やアレンジメントの過程で出てしまう端材を活用してもよい ／ ※2 使用するパーツの取り扱い説明書に従う

品種名索引

(出典テキスト)
参考図書　※五十音順

『アレンジ花図鑑 花屋さんの花材が全てわかる』宍戸 純（世界文化社）
『東京植物図譜の花図鑑1000』東京植物図鑑図譜、小池安比古（日本文芸社）
『花屋さんで人気の469種 決定版 花図鑑』モンソーフルール（西東社）
『ボタニカルアートで楽しむ 花の博物図鑑』土橋 豊（淡交社）

花農家さんから購入させていただくお花は、どれも新鮮で美しく、
私が「ロスフラワー®」と名付けた形がいびつなものであっても、とても愛らしい存在です。

そんな花を少しでも長く愉しむために、生花のうちに染色し、
花のうつくしさを延ばす試みをするようになりました。
赤い薔薇の色をさらに強調するように赤く染めたり、
ピンクのガーベラに正反対のブルーを少し混ぜたりと、
花をパレットのようにして色遊びをするのが愉しく、気付くと夢中になっていました。
染めた生花をドライにすれば、まるで生花のような発色のドライフラワーを愉しむことができます。
“褪色しやすい”という、これまでのドライフラワーのイメージを覆し、
さらなる可能性を感じずにはいられませんでした。

この楽しさ、植物の可能性や生命力を多くの方に伝えたい、
そして本書が花を購入するきっかけの１つとなり、
花を通して日々の暮らしがより豊かになれば、との想いを込めて筆を執りました。

花の命を大切に長く愉しみたいという気持ちから
「フラワーサイクリスト®」としての活動を始めたのは2018年のこと。
そのなかで「ロスフラワー®」という言葉を発信をするようになって、
2024年で6年目に入りました。

それからは自分でも驚くほどのスピードで「ロスフラワー®」という言葉は
日常に溶け込んでいき、今ではニュースでも耳にするようになりました。
お花の命を慈しみ、より長く愉しむための方法の１つとして、
「染色ドライフラワー」もさらに広がっていくことを願っています。

この本の完成は、私１人では到底成し遂げられませんでした。
３シーズンをまたいでの度重なる撮影で、大量のカット数にもかかわらず、
淡々と、それでいて１つ１つのお花に向き合うように丁寧にシャッターを切ってくださる
フォトグラファー加藤さんが醸し出す暖かな空気感のおかげで、
撮影はいつもとても心地よい時間であったことが忘れられません。

その全ての撮影に立ち会い、お花の魅力が際立つ洗練されたデザインを実現してくださった
デザイナー山本さんのお力で、多くの方に愛していただける1冊になりました。

編集・構成を一緒に考え、並走してくださったエクスナレッジの狩谷さんが
私の思いをひとつ一つ丁寧に紡ぎ、本という形に残してくださったことは、
私の人生で何よりの宝物になりました。

撮影当日までに大量のお花の準備をして「撮影する花に不足はないか」「きれいに染まるか」と、
毎回ドキドキしながらRINのスタッフと準備した時間も、今となってはよい思い出です。

このように、多くの人の熱意と労力によって完成した本書が、
ドライフラワーの新しい世界への扉となれば、これほど嬉しいことはありません。

そして、これからも花の可能性をさらに探究し続け、
世の中に小さなしあわせのきっかけを作り続けていくことが
私の生涯をもってやり遂げたいことです。

河島春佳

河島春佳

長野県生まれ。大自然の中で幼少期を過ごし、自然を愛するようになる。2014年頃から独学でドライフラワー作りを学び、2017年生花店での短期アルバイト時に、廃棄になる花の多さにショックを受けたことから、廃棄予定の花をドライフラワーにして生まれ変わらせる「フラワーサイクリスト®」としての活動を開始。2018年にクラウドファンディングで資金を集めパリへの花留学を実現し、2019年「ロスフラワー®」を用いた店舗デザインや、装花装飾を行う株式会社RINを立ち上げた。

2021年フラワーサイクリスト®になるためのスクール『フラワーキャリアアカデミー』をリニューアルし、現在全国の200名以上の卒業生と共に、“花のロスを減らし花のある生活を文化にする”というモットーを掲げ活動の幅を広げている。

2020年には花農家と消費者の架け橋として開設したオンラインショップ『フラワーサイクルマルシェ』が、農林水産省HPで紹介される。2023年には三井不動産レジデンシャルサービスとロスフラワー®マルシェをタワーマンションの1階にて展開し、「空きスペースの活用」、「廃棄予定の花き」、「居住者の暮らし向上」の三方よしの観点からグッドデザイン賞を受賞。

著書に『生花からドライまで、花を愉しむアイデア おうちでフラワーサイクルアート』(光文社)がある。

いつまでも美しい

染色ドライフラワー図鑑

2024年2月26日　初版第1刷発行

著者
河島春佳

発行者
三輪浩之

発行所
株式会社エクスナレッジ
〒106-0032 東京都港区六本木7-2-26
https://www.xknowledge.co.jp/

問合せ先
編集　Tel：03-3403-6796／Fax：03-3403-1345
販売　Tel：03-3403-1321／Fax：03-3403-1829
info@xknowledge.co.jp